Die Suizidrate bei Jugendlichen unter zwanzig Jahren hat in den letzten Jahren auf beängstigende Weise zugenommen. Die Eltern sind häufig verzweifelt und können nicht verstehen, warum ihre Tochter oder ihr Sohn den Entschluß gefaßt hat, sich das Leben zu nehmen. Die Autorin hat aus eigener Betroffenheit diesen Ratgeber geschrieben, der sich nicht nur an Eltern, sondern an alle wendet, die mit jungen Menschen zu tun haben. Ausgehend von Fallbeispielen wird versucht, der Frage nachzugehen, welche Jugendlichen suizidgefährdet sind und welche Ursachen dabei eine wesentliche Rolle spielen. Hauptanliegen der Autorin ist es jedoch, die Eltern, die Schule und das soziale Umfeld dafür zu sensibilisieren, die Anzeichen und Hilferufe dieser jungen Menschen wahrzunehmen und darauf zu reagieren. Denn der Freitod eines Jugendlichen ist eine Verzweiflungstat, weil er sich mit seinen Problemen allein gelassen fühlt.

Jutta Schütz ist Psychotherapeutin und hat eine eigene Praxis in Burgwedel bei Hannover.

Jutta Schütz

Ihr habt mein Weinen nicht gehört

Hilfen für suizidgefährdete Jugendliche

Fischer
Taschenbuch
Verlag

Lektorat: Heide Kobert

Originalausgabe
Veröffentlicht im Fischer Taschenbuch Verlag GmbH,
Frankfurt am Main, Oktober 1994

Gesamtherstellung: Clausen & Bosse, Leck
Printed in Germany
ISBN 3-596-11964-2

Gedruckt auf chlor- und säurefreiem Papier

Inhalt

Für Kirsten
auf daß sie meine Fehler, die ich gemacht habe, verstehen möge.

Das Geheimnis der fallenden Zeit,
Altes Testament, Prediger 3,1–8

1 Alles hat seine (bestimmte) Stunde,
und seine (bestimmte) Zeit hat jedes Ding unter dem Himmel

2 Geborenwerden hat seine Zeit,
und Sterben hat seine Zeit.
Pflanzen hat seine Zeit,
und gepflanztes Ausreißen hat seine Zeit.

3 Töten hat seine Zeit,
und Heilen hat seine Zeit.
Niederreißen hat seine Zeit,
und Aufbauen hat seine Zeit.

4 Weinen hat seine Zeit,
und Lachen hat seine Zeit.
Klagen hat seine Zeit,
und Hüpfen hat seine Zeit.

5 Steine werfen hat seine Zeit,
und Steine auflesen hat seine Zeit.
Umarmen hat seine Zeit,
und Fernsein vom Umarmen hat seine Zeit.

6 Suchen hat seine Zeit,
und Verlieren hat seine Zeit.
Aufbewahren hat seine Zeit,
und Wegwerfen hat seine Zeit.

7 Zerreißen hat seine Zeit,
und Zusammennähen hat seine Zeit.
Schweigen hat seine Zeit,
und Reden hat seine Zeit.

8 Lieben hat seine Zeit
und Hassen hat seine Zeit.
Krieg hat seine Zeit,
und Frieden hat seine Zeit.

Vorwort

Ich habe dieses Buch geschrieben aus einer Verbundenheit heraus, die ich den Müttern und Vätern entgegenbringe, die ein Kind durch Suizid verloren haben. Aber auch aus meiner eigenen Hilflosigkeit heraus – gegenüber einem angenommenen Mädchen, für das ich als Bezugsperson versagte. Sie hatte um Hilfe gerufen, und ich habe es nicht hören wollen oder nicht hören können. Ich war viel zu sehr mit meinen drei eigenen Kindern, meiner schlechten Ehe und nicht zuletzt mit mir selbst beschäftigt.
Sie war ein Waisenkind und kam zu mir im Alter von neun Jahren. Ich war für sie eine Fremde; sie kannte mich lediglich durch einige Ferienaufenthalte. Sie log aus Angst vor Bestrafung, stahl, um mich zu beschenken, schwänzte die Schule und lief von zu Hause weg. Als ich immer noch nicht begriff, versuchte sie, sich mit Tabletten das Leben zu nehmen. Dieses wiederholte sie dreimal. Wenn ich ins Krankenhaus kam, mußte ich mir Ratschläge von den Ärzten anhören. Sie musterten mich von oben bis unten und gaben mir das Gefühl, total versagt zu haben. Hilfe bekam ich von niemandem.
Kehrte das Mädchen nach den Suizidversuchen nach Hause zurück, änderte sich eigentlich nichts. Ich konnte nicht darüber reden und sie auch nicht. Wir lebten weiter, als ob nichts gewesen wäre. Ich habe versucht, die Probleme zu verdrängen. Aber sie haben mich wieder eingeholt, und so habe ich zwanzig Jahre später endlich den Mut gefunden, mich mit meiner Pflegetochter auseinanderzusetzen und mit ihr über diese Zeit zu reden. Wie wäre ich mit der Schuldfrage fertig geworden, wenn es ihr gelungen wäre, sich das Leben zu nehmen? Ich bin zutiefst dankbar, daß die Schlaftabletten nicht

gereicht haben. Sonst hätte ich Mitschuld am Tod dieses Menschen getragen.
Ich erlebe immer wieder in meiner Praxis für Psychotherapie die Verzweiflung von Jugendlichen, die nicht mehr leben wollen. Trotzdem ist der Selbstmord, besonders bei jungen Menschen, heutzutage noch immer weitgehend ein Tabuthema. Mein tiefes Mitgefühl gilt aber auch den Eltern, die ein Kind auf diese tragische Weise verloren haben.
Ich habe Mütter, deren Kind sich das Leben genommen hat, gefragt, ob sie nicht bereit wären, die »Geschichte ihres Kindes«, seine Verzweiflung und auch seine Motive, die zu der Tat führten, ehrlich aufzuschreiben. Leider hat sich keine einzige Mutter dazu bereit erklärt. Es fehlt ihnen wohl an Mut, dieses Tabuthema aufzugreifen. Oder ist es die Angst vor Schuldzuweisungen von Müttern, die so überheblich sind zu glauben, daß ihren Kindern dieses nicht passieren könnte?
Dieses Buch ist bewußt kurz gefaßt. Es soll keine psychologische Abhandlung zum Thema Suizid sein, sondern ein Ratgeber für Menschen in Not, die Hilfe suchen. Es gibt zu viele von ihnen, als daß man sie alleinlassen könnte.

I. Wenn junge Menschen lieber sterben als leben wollen

Mutter Theresa regte vor kurzem an, auch in der Bundesrepublik ein Haus der Schwestern der Barmherzigkeit zu eröffnen. Der Vorschlag rief allgemeine Verwunderung hervor, denn anders als in Indien müssen im wohlhabenden Deutschland die Kinder weder verhungern noch auf der Straße schlafen oder im Rinnstein sterben. Mutter Theresa antwortete: »Es ist nicht die leibliche Not, die bei Ihnen die Menschen umbringt, sondern das seelische Elend. Die Kinder, die in Kalkutta auf den Straßen schlafen, liegen an der Seite ihrer Mutter. Noch nach der letzten Schüssel Reis hungern sie; doch wenn sie sterben, sterben sie umhüllt von der Liebe ihrer Angehörigen. In Ihrem Lande dagegen sind die Kinder traurig in ihrer Übersättigung, und sie sterben in Einsamkeit.« Hat Mutter Theresa recht?

In keiner Altersschicht hat die Zahl der Suizide in den vergangenen zehn Jahren so stark zu genommen wie unter den Kindern und Jugendlichen: Die Steigerung liegt bei 50 Prozent. Suizid (von sui cedere = sich töten) ist bei Menschen bis zu 20 Jahren inzwischen zu der zweithäufigsten Todesursache aufgerückt, gleich nach dem Unfalltod. Die Dunkelziffer wird von Experten auf das Vielfache der offiziell gemeldeten Suizidrate geschätzt. Noch immer geben zahlreiche Eltern den Selbstmord als Unfall aus – aus Angst vor Schuldzuweisungen unserer Gesellschaft, die die Selbsttötung zumeist immer noch als verwerflich ansieht. Es heißt dann, das Kind habe einen tödlichen Unfall erlitten, sei aus dem Fenster gestürzt oder an einer Arzneimittelvergiftung gestorben. Damit läßt es sich besser leben.

In meiner Praxis habe ich häufig mit Menschen zu tun, die ihr

Kind durch Suizid verloren haben. Sie haben enorme Probleme, den Verlust zu verarbeiten. Fassungslos stehen sie der Selbsttötung ihres Kindes gegenüber und fragen sich pausenlos, was sie falsch gemacht haben. In den meisten Fällen empfinden sie den Tod ihres Kindes als eine Schande, als eine persönliche Niederlage. Sie versuchen voller Verzweiflung, ihre Kinder zu verstehen und forschen unaufhörlich nach den Gründen für die Tat. Sie zermartern sich ihr Gehirn, um zu verstehen, was ihr Kind erlebt und gefühlt hat. Das ist ein sehr schmerzhafter Prozeß, und die Gedanken kreisen ausschließlich um das Leben mit ihrem Kind. Doch mit der Zeit wird vielen Eltern bewußt, daß es »die« eine Ursache für die Tat nur in seltenen Fällen gibt. Meist spielen mehrere Faktoren eine Rolle. Es wird schließlich immer ein Rest von Hilflosigkeit bleiben: Eine endgültig befriedigende Antwort auf die große Frage nach dem Warum wird es niemals, kann es niemals geben.

Die betroffenen Eltern lassen sich nach meiner Erfahrung in drei Gruppen einteilen:

Zur ersten Gruppe rechnen Eltern, die sich mit Suchtmitteln betäuben. Sie wollen nicht ständig an den Tod ihres Kindes denken und erinnert werden. An erster Stelle steht die Tablettensucht (Schlaftabletten, Psychopharmaka). Danach kommen Alkohol- und Arbeitssucht (workaholics).

Die zweite Gruppe besteht aus den agressiven, streitsüchtigen Eltern. Sie erzählen jedem, wie und warum sich ihr Kind das Leben genommen hat. Sie geben ständig jemandem die Schuld und können sich nach solch einem schweren Verlust nur sehr schwer wieder in die Gesellschaft einfügen.

Zur dritten Gruppe gehören die Eltern, die alles verdrängen. Wenn sie überhaupt über den Tod ihres Kindes reden, so stellen sie ihn als einen Unfall dar. Häufig sind sie depressiv und leiden unter psychosomatischen Krankheiten.

Statistischen Erhebungen zufolge ist die Anzahl der Selbstmorde in Großstädten doppelt so hoch wie auf dem Lande. Mädchen versuchen dreimal so häufig aus dem Leben zu gehen wie Jungen. Dagegen führen bei den Jungen dreimal so viele Suizidversuche zum Tod als bei den Mädchen. Dies liegt daran, daß Jungen meist die sogenannten »harten Methoden« wählen wie Erhängen, Erschießen oder den Todessturz aus großer Höhe. Mädchen wählen dagegen meist die »weichen Methoden«, etwa die Überdosis Schlaftabletten oder das Aufschneiden der Pulsadern. Somit besteht eine größere Chance, daß sie gerettet werden. Die Suizidgefahr bei Schülern ist bedeutend höher als bei bereits berufstätigen Jugendlichen. Die meisten Selbstmorde geschehen im Frühjahr und im Herbst, überwiegend montags.
Wenn jemand sich das Leben nimmt, reagiert die Umwelt hilflos – gerade wenn es um Menschen geht, die schon in jungen Jahren der Gesellschaft, der Freunde, der Lehrer und der Eltern überdrüssig geworden sind. Menschen, die keine Suizidneigungen haben, denken selten an den Tod; er ist für sie wie ein Schicksal, das sie irgendwann ereilt, und auf das sie keinen Einfluß haben. Bei suizidgefährdeten Menschen ist dies anders. Der Gedanke an den Tod beherrscht ihr Leben, und der Tag des Todes wird von ihnen frei gewählt. Sie sterben nicht lebenssatt, sondern lebensmüde. Doch verstehen diese Menschen wirklich genug vom Leben, um die schwerwiegende Entscheidung zu treffen, es wegzuwerfen? Das Leben der meisten Menschen hat einen Anfang und ein Ende, das sie sich nicht aussuchen können. Wer den Freitod wählt, beendet das Leben irgendwann in der Mitte, ohne jemals wieder einen neuen Anfang machen zu können.
Besonders meine eigene Erfahrung und vor allem mein eigenes Versagen im Umgang mit einem selbstmordgefährdeten Kind hat mich für das Leiden dieser Menschen sensiblisiert. Immer wenn ich an die Zeit mit unserer Pflegetochter Kirsten zurückdenke, dann steigen wieder die Bilder von ihren

Suizidversuchen in mir hoch. Irgendwoher bekam Kirsten genügend Tabletten. Ich war sprachlos, wie sie es immer wieder schaffte. Bei ihren drei Suizidversuchen schluckte sie wahllos alles, was sie kriegen konnte. Zu einem der Versuche kam es, nachdem Kirsten gerade eine neue Lehrstelle angetreten hatte. Die Folge war, daß sie ihre Lehre abbrechen mußte. Niemand hatte Verständnis für ihre Situation. Kirsten kam für ein oder zwei Tage ins Krankenhaus und wurde dann mit guten Ratschlägen entlassen. Für mich war es eine Qual, wenn ich sie im Krankenhaus besuchte. Ich wußte, daß ihre Selbstmordversuche ein Schrei nach Hilfe waren, aber ich konnte ihr diese Hilfe nicht geben. Wenn sie dann kreideweiß in ihrem Bett lag und ihre großen braunen Augen mich suchend ansahen, konnte ich mich nur abwenden. Ich erlebte das Geschehen wie durch eine Nebelwand: die Arroganz der Ärzte, die mir Vorhaltungen machten, die Schuldzuweisungen innerhalb der Familie, die nach Hilfe schreiende Jugendliche. Ich war ganz einfach nur leer und ausgebrannt.
Es ist schwer zu beschreiben, was ich damals empfand, wenn ich dieses Kind im Krankenhaus besuchte. Reden über ihre Probleme konnte ich nicht, ich hatte es auch nicht gelernt. Ich hoffte ganz einfach, daß alles wieder in normale Gleise kommt. Es ging auch immer irgendwie weiter, bis wieder ein Anruf aus dem Krankenhaus kam. Ich stumpfte ab und blockte auch jegliche Gedanken ab, die mich hätten quälen können. Ich benahm mich wie die anderen Familienmitglieder, indem ich mir einredete, die Dinge seien nun einmal nicht zu ändern. Schuld hatte die Gesellschaft, die schlimme Zeit, in der die Jugendlichen aufwuchsen, oder die Schule. Nur nicht ich. Damit ließ es sich einigermaßen leben, und es tat nicht so weh.
Heute, mit viel Abstand und einigen zusätzlichen Jahren an Lebenserfahrung, entsetzt es mich immer wieder, wie leichtfertig junge Menschen mit ihrem Leben umgehen, dem kost-

barsten, das sie haben. Vielleicht wächst das Bewußtsein über die Tatsache, das jeder Tag ein neues Geschenk ist, erst mit dem Alter. Niedergeschlagenen Jugendlichen, die in meine Praxis kommen, erzähle ich deshalb oft die Geschichte von dem lebensmüden jungen Mann, der mit dem Fahrstuhl auf das Dachgeschoß eines Hochhauses fuhr, um hinunterzuspringen.

»Als der junge Mann oben ankam, stand dort ein älterer Herr. Der fragte ihn: ›He, was willst du tun? Willst du etwa hinunterspringen?‹ Der junge Mann schaute überrascht und fragte dann: ›Was geht Sie das an?‹ ›Mich geht das eigentlich überhaupt nichts an‹, erwiderte der ältere Herr. ›Du kannst tun und lassen, was du willst. Ich habe nur einen Freund, der braucht dringend eine Niere und würde einen sehr hohen Preis dafür zahlen. Er wartet schon so lange und ist sehr reich. Und wenn du dich sowieso umbringst, dann kannst du damit ja einem anderen helfen und nebenbei ein Geschäft machen. Geld ist doch so wichtig heutzutage. Es wäre doch schade, wenn ein so junger Mensch einfach sein Leben wegwirft, während ein älterer Mensch diese Lebenskraft herbeisehnt.‹

Der junge Mann hielt inne. Plötzlich dachte er nicht mehr an Selbstmord. ›Wieviel wäre ihm denn eine Niere wert?‹ fragte er. ›Mindestens 100000 Mark‹, antwortete er. ›Aber eigentlich spielt Geld für ihn keine Rolle. Nenne einen Preis, und er wird ihn bezahlen.‹ Der Junge schaute verunsichert. »100000 Mark? Von soviel Geld habe ich noch nicht einmal geträumt. Oder vielleicht 200000 oder 500000 Mark? Warum soll ich dann Selbstmord begehen?‹ Der ältere Herr schwieg einen Moment. Dann sagte er: ›Tja, das mußt du schon selbst wissen.‹

Plötzlich wurde der junge Mann nachdenklich. ›Wenn allein eine Niere schon soviel wert ist, wieviel könnte ich dann für meine anderen Körperteile bekommen? Augen, Leber, Herz?‹ Der ältere Herr sagte einen Moment lang nichts. ›Ich glaube, in Zahlen ist das gar nicht zu fassen. Ein Mathematiker würde dazu sagen: Der Wert ist unendlich. Das heißt: Mit Geld läßt sich das gar nicht bezahlen.‹ ›Wenn mein Leben so wertvoll ist, dann wäre ich ja sehr dumm, wenn ich es einfach so wegschmisse‹, antwortete da der junge Mann. Zusammen nahmen sie den Fahrstuhl ins Erdgeschoß.«

Der Soziologe Dürckheim schreibt in seinem Buch ›Der Selbstmord‹: »Sag mir, welche Selbstmordrate eine Gesellschaft hat, und ich sage dir, was das für eine Gesellschaft ist.«

1. Die Symptome

Wie können Eltern und Umwelt erkennen, wann ein Jugendlicher suizidgefährdet ist? Zweifellos könnten viele dieser Taten verhindert werden, wenn die Umwelt die Symptome frühzeitig wahrnehmen und eingreifen würde. Doch leider fehlt den meisten Menschen das Wissen darüber, wie sich suizidale Neigungen äußern. Auch ich wußte es ja nicht, als es um meine Pflegetochter ging. Vorweg ist jedoch festzuhalten, daß es kein genau umrissenes Psychogramm für eine Suizidneigung gibt. In fast jedem Fall jedoch macht der betroffene Mensch vor der Tat eine einschneidende Wandlung durch.

Der Suizidforscher Erwin Ringel spricht von einem »präsuizidalen Syndrom«, das fast immer dem Selbstmord vorangeht. Darunter versteht er das Zusammentreffen verschiedener psychischer Störungselemente zu einem Krankheitsbild. Die Entwicklung läuft nach Ringel in drei Phasen ab:

a) Einengung der Gefühle

Die betroffenen Jugendlichen haben das Gefühl, von allen Seiten behindert und umzingelt zu werden. Sie finden keinen Ausweg und kommen sich klein und hilflos vor. Alles um sie

herum wirkt groß und bedrohlich, also unüberwindbar. Als letzte Konsequenz sehen sie nur noch den Selbstmord.
Gründe für eine derartige Einengung kann es viele geben: Todesfälle in der Familie, Drogenabhängigkeit, die Angst, durch eine Prüfung zu fallen oder sitzenzubleiben, den Freund oder die Freundin zu verlieren oder an einer unheilbaren Krankheit zu leiden.

b) Die Agressionsumkehr – gehemmte und gegen die eigene Person gerichtete Aggression

Nur selten bringt sich ein Mensch um, der nicht vorher den Wunsch gehabt hat, jemanden zu töten oder zumindest eine andere Person sterben zu sehen. Dies wird als »klassische Racheaktion« definiert, wobei der Betroffene sich an der Aussicht freut, andere Personen oder die Gesellschaft als ganze zu belasten. Die Umkehr der Aggression gegen sich selbst kann auf verschiedene Ursachen zurückgeführt werden, die fast immer in den Kindesjahren liegen. Als Kinder waren die Betroffenen meist ruhig und angepaßt, ihre Wut und ihren Haß durften sie nicht rauslassen. Immer mußten sie artig sein, sie durften nicht streiten, wurden ständig unterdrückt, mußten alle lieben.
Freud prägte als erster den Begriff der Verdrängung. Die entscheidenden Verdrängungen finden in den ersten sechs Lebensjahren statt. Wenn ein Kind Aggressionen gegen seine Eltern empfindet, obwohl es aufgrund seiner Hilflosigkeit gezwungen ist, diese zu lieben, so bleibt dem Kind keine andere Wahl, als die aufkommenden Aggressionen ins Unterbewußtsein zu befördern. Damit entsteht ein Zwiespalt in der kindlichen Seele zwischen Zuneigung und Ablehnung, welcher als Ambivalenz bezeichnet wird. Es sind nicht die zahlreichen Verbote, die die Aggressionen im Kinde aufkommen lassen – es ist das oft ambivalente Verhältnis zu den Eltern. Dieses kann in fehlender echter Liebe, aber auch im Gegenteil, in zu intensiver besitzergreifender Liebe begründet sein.

Wie die Schweizer Psychologin Alice Miller in ihrem Buch ›Am Anfang war Erziehung‹ feststellt, wird man nicht zum Selbstmörder geboren. Man entwickelt sich dazu in der Kindheit.
Die meisten Menschen empfangen als kleines Kind Verletzungen, die für die Umwelt oft gar nicht als solche zu erkennen sind. Doch die Kinder reagieren auf den Schmerz nicht etwa mit Zorn, sondern sie müssen sich im Gegenteil häufig noch dankbar zeigen für die sogenannten Wohltaten. Im Erwachsenenalter laden sie dann den gespeicherten Zorn auf andere Menschen ab oder richten ihn gegen sich selbst. Eine der größten Grausamkeiten, die man Kindern zufügen kann, besteht wohl darin, sie ihren Zorn und Schmerz nicht artikulieren zu lassen, ohne daß sie Gefahr laufen, die Liebe und Zuwendung der Eltern zu verlieren.
Der frühkindliche Zorn wird unterdrückt. Und da er im Grunde ein gesundes, vitales Kraftpotential darstellt, muß sehr viel Energie dafür verwendet werden, dieses Potential in der Verdrängung zu halten. Die auf Kosten der Lebendigkeit gelungene Erziehung zur Schonung der Eltern führt nicht selten zum Suizid oder zu extremer Drogenabhängigkeit, die fast einem Suizid auf Raten gleichkommt.
Die Selbstmordraten bei jungen Männern sinken im Krieg regelmäßig. Was sonst verboten ist, ist nun erlaubt. Töten wird sogar mit Auszeichnung belohnt. Dieses führt zur Abnahme der Selbstmordaggression und Selbstzerstörung.

c) Selbstmordphantasien

Wir alle haben wohl schon einmal unseren Tod und unsere Beerdigung gedanklich durchgespielt. Könnten wir unser Leben einfach für einen Moment ausknipsen, ähnlich wie einen Lichtschalter, wir würden es sicherlich einmal ausprobieren. Dabei handelt es sich aber nicht um wirkliche Selbstmordphantasien. Diese laufen bei den Betroffenen viel konkreter ab. Sie entstehen, wenn Jugendliche sich eingeengt fühlen und

nicht mehr weiter wissen. Diese Phantasien verlaufen in der Regel in drei Phasen:
1. Phase: Der Gedanke, ich möchte tot sein. Alles ist grau und sinnlos. Dieser Gedanke kann aber wieder verschwinden, wenn ein kleiner Lichtblick am Horizont auftaucht.
2. Phase: Ich könnte mich selber töten. Der Gedanke, der anfänglich noch dem Willen unterliegt, kann später gegen den eigenen Willen zu einem zwanghaften Gedanken werden und das ganze Denken beherrschen.
3. Phase: Wie werde ich es tun und wann? Die Flucht aus der Wirklichkeit hat eingesetzt, die Rückkehr fällt sehr schwer. In diesem Stadium ist höchste Gefahr geboten. Oft wird zu diesem Zeitpunkt der Selbstmord bereits bis in die kleinste Einzelheit geplant.

2. Welche Kinder sind selbstmordgefährdet?

Der Fall meiner Pflegetochter Kirsten weist einige typische Symptome der Selbstmordgefährdung auf. Sie hatte ihren Vater im Alter von vier und ihre Mutter, die Schwester meines Mannes, mit neun Jahren verloren. In diesem Alter nahmen wir sie in unsere Familie auf. Ihre um ein Jahr jüngere Schwester lebte erst noch bei ihren Großeltern, meinen Schwiegereltern, und zog dann im Alter von zwölf Jahren ebenfalls zu uns. Die jüngere Schwester war der Sonnenschein der Mutter gewesen und war die Lieblingsenkelin meiner Schwiegereltern.
Kirsten war ein stilles, verschlossenes Kind und machte so auf mich zuerst einen pflegeleichten Eindruck. Sie konnte stundenlang ihre Barbiepuppen kämmen und anziehen. Ich hatte das Gefühl, daß sie den Puppen all den Kummer ihrer harten Kindheit erzählte. Nur hier schien sie ihre Gefühle und Aggressionen ausdrücken zu können. Von ihrer Mutter war sie so erzogen worden, daß sie nicht zu widersprechen wagte.

Auch mir gegenüber, die ich bedeutend jünger war als ihre Mutter, wagte sie es nicht. Und ich war so verblendet, von ihr Dankbarkeit und Liebe zu erwarten, da ich mich ihrer angenommen hatte.
Für mich war es sehr schwer, für dieses Kind Zärtlichkeit zu empfinden. Ich hatte Kirsten nicht gewollt, wie ich meine eigenen drei Kinder gewollt hatte, deren Geburt ich herbeigesehnt hatte. Ich habe für dieses Kind Zuneigung empfunden, habe Schmerzen und Sorgen gefühlt – jedoch mehr aus dem Kopf als aus dem Bauch heraus. Es gab nicht dieses Gefühl von grenzenlosem Vertrauen, von Liebe und Zärtlichkeit, das ich für meine eigenen Kinder empfand. Vielmehr fühlte ich eine Verpflichtung für die Ausbildung des Kindes, nicht zuletzt, um Anerkennung bei meinem Mann und meinen Schwiegereltern zu finden.
Betrachtet man all diese Faktoren, so ist hier eindeutig die Basis für eine Suizidneigung anzutreffen. In jedem Fall sollten Eltern und Lehrer wachsam sein, wenn ein Kind sich stark verändert. Fachleute haben einige Punkte zusammengetragen, die in den meisten Fällen einem Selbstmord vorangehen. In jeder Familie und bei fast allen Kindern treffen einige dieser Punkte zu. Gefährdet sind die Kinder jedoch erst dann, wenn mehrere dieser Symptome zusammen auftreten, wie im geschilderten Fall unserer Pflegetochter.

Gefährdet sind Kinder, die das Gefühl haben, daß sie anderen im Wege sind.
Gefährdet sind Kinder, die nicht gewollt sind und dies auch zu hören bekommen.
Gefährdet sind Kinder, die Angst vor dem Verlust eines geliebten Menschen haben.
Gefährdet sind Kinder, die in gewalttätigen Familien aufwachsen.
Gefährdet sind Kinder, die sexuell mißbraucht werden.
Gefährdet sind Kinder, deren Familie nach außen hin intakt

scheint, aber nur, weil sie sich gegen ihre Umwelt abkapselt und keine Außenkontakte zuläßt.
Gefährdet sind Kinder, die mit Drogen in Verbindung kommen.
Gefährdet sind Kinder, die nach Enttäuschungen von ihren Eltern nicht aufgefangen werden, sondern nur Vorwürfe bekommen.
Gefährdet sind Kinder, die ständig unter Schulstreß stehen.
Gefährdet sind Kinder, deren Tage ohne jegliche Höhepunkte vergehen, ohne Feste, ohne Erinnerungen an bestimmte einzigartige Augenblicke.
Gefährdet sind Kinder, die bisher vergeblich versucht haben, auf sich aufmerksam zu machen, die lügen, stehlen, damit sie endlich wieder beachtet werden, die weglaufen, um zu testen, ob ihre Eltern sich Sorgen machen.
Gefährdet sind Kinder, die ständig die Schule schwänzen.
Gefährdet sind Kinder in Entwicklungsphasen, in denen sich vieles ändert, also in der Pubertät.
Gefährdet sind Kinder, deren Eltern in ihrer Wortwahl leichtfertig mit dem Leben umgehen, also häufig sagen, dann bringe ich mich eben um.
Gefährdet sind Kinder, die so lieb und problemlos scheinen, daß man glaubt, ihnen keine besondere Beachtung schenken zu müssen, oder die Geschwister haben, um die sich alle Sorgen machen.
Gefährdet sind Kinder, in deren Familien nicht mehr gesprochen wird.
Gefährdet sind Kinder, die aus Familien kommen, in denen Eltern oder Geschwister unter Depressionen leiden.
Gefährdet sind Kinder, die schon einmal einen Suizidversuch unternommen haben.
Gefährdet sind Jugendliche nach einem Autounfall, den sie selbst verschuldet haben.
Gefährdet sind Kinder und Jugendliche, die mit dem Gesetz in Konflikt gekommen sind.

Gefährdet sind Kinder von Familien, in denen es bereits Suizidfälle gab.
Gefährdet sind Kinder, die körperliche Gebrechen haben oder mit ihrem äußeren Erscheinungsbild nicht fertig werden.
Gefährdet sind Kinder, die eine geliebte Person verloren haben.

3. Abschiedsbriefe

Dazu ein Artikel aus der ›Welt‹ vom 9. April 1984:
»Was aber ist zu tun, wenn Eltern ihren einzigen Sohn durch Selbstmord verlieren und nicht die leiseste Ahnung von seinen Motiven haben? Ein Hamburger Ehepaar beispielsweise quält sich seit Oktober 1983 mit unablässiger Ursachenforschung, bisher vergeblich. Ihr 20jähriger Sohn hatte das Abitur geschafft und auch einen Studienplatz gefunden. Die Familie war intakt, es gab weder finanzielle noch sonstige Probleme. Dennoch nahm er sich bei einer kurzen Abwesenheit von Eltern und Schwester das Leben. Seither macht sich die Familie unablässig Gedanken über die möglichen Motive, und die Mutter klammert sich auch noch ein Jahr nach dem Freitod ihres Sohnes verzweifelt an die Hoffnung, einen Abschiedsbrief zu finden, indem der Tote sie von der Schuld freispricht.
Möglicherweise wird sich die Hoffnung der schwer geprüften Familie nicht erfüllen. Die Statistik über den Anteil jugendlicher Selbstmörder, die Abschiedsbriefe hinterließen, ist düster. Sie will sagen, daß in unserem Land nur jeder zehnte Selbstmörder einen Abschiedsbrief hinterläßt, in Skandinavien fand man bei 20 Prozent, in der Schweiz immerhin bei 18 Prozent der Suizidanten Abschiedsbriefe.«

Auf einer Tagung einer Schweizer Stiftung wurde detailliertes Material über Abschiedsbriefe jugendlicher Selbstmörder vorgelegt. Das Spektrum reicht von lapidaren Notizen bis hin zu mehrseitigen Schilderungen der Selbstmordgründe. Meist wird der Brief am Tatort hinterlassen, in seltenen Fällen der Post anvertraut. Der Inhalt ist vielfältig. Manche Briefe enthalten Appelle an die Nachwelt. In vielen wird um Verzeihung, in anderen um Verständnis gebeten.
Ein Großteil der Abschiedsbriefe enthält Vorwürfe und Beschuldigungen. Manche Briefe kommen einem Racheakt gleich. Nicht selten entpuppen sich Abschiedsbriefe junger Menschen, die einen mißlungenen Selbstmordversuch unternahmen, hinterher als reiner Erpressungsversuch mit dem Appell, die Person wieder zu lieben, zu unterstützen, aufzunehmen und ihr zu verzeihen. In den meisten Briefen waren folgende Suizidgründe zu finden: Vorwürfe an Eltern, Schulschwierigkeiten, Streit mit Geschwistern, Minderwertigkeits- und Unsicherheitsgefühle gegenüber Schulkameraden, Erwischtwerden bei Diebstählen, Depression sowie Angst vor Strafe und Schlagen.

Wo liegt das Motiv für den Selbstmord? Darauf versucht das nächste Kapitel, eine Antwort zu geben. Hier die Antwort von Klaus Mann, dem ältesten Sohn Thomas Manns. Er nahm sich 1948 das Leben.
»Warum begeht man Selbstmord? Weil man die nächste halbe Stunde, die nächsten fünf Minuten nicht mehr erleben will, nicht mehr erleben kann. Plötzlich ist man am toten Punkt, am Todespunkt. Die Grenze ist erreicht – kein Schritt weiter! Wo ist der Gashahn? Her mit dem Phanodorm! Schmeckt es bitter? Was tuts? Das Leben hat nicht eben süß geschmeckt.«

II. Warum junge Menschen freiwillig den Tod wählen

Die Frage, die betroffene Eltern und die Umwelt am meisten beschäftigt, lautet: *Warum* hat er oder sie sich das Leben genommen? Eine allgemeingültige Antwort auf diese Frage wird es nicht geben, kann es nicht geben. Denn in jedem Fall ist die Motivlage anders, in vielen Fällen werden die Gründe sogar nie aufgeklärt.

Ganz klar muß hier allerdings unterschieden werden zwischen Auslöser und Ursache des Selbstmordes. Der Auslöser ist selten die Ursache. Auslöser können sein: ein schlechtes Zeugnis, eine gefährdete Versetzung, Liebeskummer, Arbeitslosigkeit, Trennung von der Familie oder die Scheidung der Eltern. Dabei handelt es sich in den meisten Fällen jedoch nur um den letzten Tropfen, der das Faß zum Überlaufen bringt. Die Ursache für eine Selbstmordneigung liegt meist tiefer. Sie ist fast immer in der Kindheit zu suchen.

Denn Kinder und Jugendliche bringen sich nicht wirklich deshalb um, weil ein Schulzeugnis miserabel ausgefallen ist, der Freund oder die Freundin sie verlassen haben, ein Weihnachtsfest nicht so gewesen ist, wie es sein sollte oder der Urlaub langweilig war. Sie töten sich, weil ihre psychische Gesamtsituation für sie unerträglich geworden ist, weil sie sich einsam fühlen, alleingelassen von Erwachsenen, die den Schrei nach Hilfe nicht hören können oder nicht hören wollen. Denn auch den Erwachsenen hat niemand beigebracht, mit dem Unbehagen der Kinder umzugehen. So ist oft beidseitige Isolation und Einsamkeit die Ausgangslage, die zu Selbstmordgedanken führen kann. Sicherlich gibt es kein Patentrezept für den Umgang der Menschen untereinander. Eines dürfte aber unbestritten sein, wie schon Fichte es ausgedrückt hat: »Der Mensch wird nur unter Menschen ein Mensch.«

Sollten wir nicht anfangen, über eines der größten Tabus unserer Gesellschaft wirklich offen zu reden? Wir müssen lernen, die Vorzeichen zu deuten und den Suizid oder einen Versuch dazu als Aufschrei eines jungen Menschen in äußerster Not zu verstehen. Eltern und Lehrer sollten fähig sein, die Symptome zu erkennen. Tatsache ist, daß Selbstmord oder der Versuch dazu fast nie Ausdruck des Todestriebes ist, sondern in fast allen Fällen ein Hilferuf bei gleichzeitigem Selbsterhaltungstrieb.

Wie schon beschrieben, gibt es zahlreiche Signale, die einem Suizidversuch vorausgehen können. Alarmzeichen sind etwa Fernbleiben von der Schule, von zu Hause weglaufen, Eß- oder Magersucht, Diebstähle, Interessenlosigkeit gegenüber der Familie, Gesprächslosigkeit mit Freunden und Eltern, Abbrechen von liebgewonnenen Gewohnheiten und Hobbies wie Sport oder Musik oder die Flucht in wechselnde Liebesbeziehungen.

Oft wird auch die Absicht ganz klar ausgesprochen: Ich habe keine Lust, mir wird alles zuviel, ohne mich ginge es euch besser, ich möchte tot sein, keiner liebt mich. – Der Lebensmüde spricht von der Sinnlosigkeit des Lebens und hat oft schon die Brücken zu anderen Vertrauenspersonen wie Freunden, Eltern und Lehrern abgebrochen. Es ist sehr leichtfertig zu glauben, daß Menschen, die über Selbstmord reden, zu der Tat nicht fähig sind.

Geradezu jedem Freitod geht direkt vor der Tat ein mißglücktes oder nicht stattgefundenes Gespräch voraus. Meist wird er angekündigt, um dem Leben noch eine Chance zu geben. Bei jedem Menschen, der Selbstmord verüben will, spielt sich immer ein innerer Kampf zwischen Selbstzerstörung und selbstbewahrenden Kräften ab. Erschreckend ist, daß 85 Prozent der Menschen, die einen Suizidversuch überlebt haben, die Tat wiederholen. Davon verlaufen mindestens zehn Prozent tödlich. Wer als Jugendlicher gerettet worden ist, nimmt sich oft als Erwachsener das Leben.

Die Ankündigung, sich das Leben zu nehmen, ist mit folgenden Motiven verbunden (nach Erwin Ringel, ›Selbstmordappell an die anderen‹):

Der Wunsch, von Angehörigen Hilfe zu bekommen, so daß der Selbstmord vermieden werden kann.

Der Wunsch, die Angehörigen zu informieren, damit sie der Verlust nicht unvorbereitet trifft.

Der Wunsch, die Angehörigen unter Druck zu setzen.

Das Überfließen der eigenen Gedanken, Gefühle und Stimmungen, die die betroffene Person einfach nicht mehr bei sich behalten kann und ausdrücken muß, ohne daß damit eine besondere Absicht verbunden ist.

Eine bestimmte Art von Selbstmord, die hier nur kurz am Rande behandelt werden soll, ist die Panikhandlung aus nichtigen Anlässen. Suizidforscher stellen sie oft bei Jugendlichen fest, die Autounfälle verursacht oder kleine Diebstähle begangen haben. Die Betroffenen empfinden durch die eigentlich unbedeutende Tat eine derartig große Schande gegenüber ihrer Umwelt, daß sich einige von ihnen aus einer Art Kurzschlußhandlung heraus das Leben nehmen. Natürlich muß es einem Außenstehenden als vollkommen sinnlos erscheinen, daß Menschen aus einem solch nichtigen Grund ihr Leben wegwerfen. Denn jeder von uns ist doch bereits in die Versuchung gekommen, eine Kleinigkeit einfach einzustecken, und mit dem Risiko von Verkehrsunfällen sieht sich heutzutage jeder geradezu täglich konfrontiert. Immerhin 95 Prozent aller Jugendlichen begehen irgendwann in ihrem Leben eine Straftat. Sie wiederholen sie selten oder hören spätestens damit auf, wenn sie älter werden. Aus einem derartigen Motiv heraus Selbstmord zu begehen zeugt also ebenfalls von einer großen psychischen Labilität, deren Ursache wiederum woanders liegt.

Ein klares Selbstmordmotiv liegt auch vor, wenn ein Mensch unheilbar erkrankt ist. Hier ist es vor allem die Angst vor Schmerzen, vor Siechtum und vor der Überbelastung der Familie, die den Kranken in den Freitod treibt. Diese »verständliche« Art von Selbstmord soll jedoch nicht Thema dieses Buches sein. Nun im einzelnen zu den wichtigsten Faktoren, die junge Menschen in den Selbstmord treiben können.

1. Macht der Wohlstand lebensmüde?

Meine Pflegetochter Kirsten hatte zu Hause alles, was sie brauchte – so glaubte ich zumindest. Trotzdem lief sie eines Tages im Alter von 15 Jahren von zu Hause weg. Sie flüchtete zu anderen Jugendlichen, die es zu Hause nicht mehr ausgehalten hatten und genauso hilflos waren wie sie.
Eigentlich fing es ganz harmlos an: Aus irgendeinem nichtigen Grund verbot ich ihr und ihrer Schwester, zu einem Popfestival zu gehen. Ich wollte wohl unbedingt meine Erziehungsgewalt ausüben. Die beiden hatten sich aber schon wochenlang auf das Festival gefreut, und so gingen sie trotz meines Verbots allein los. Um Mitternacht kam Kirstens Schwester alleine zurück. Kirsten sei mit »einem Jungen abgehauen«, erzählte sie. Nun begann die Suche, die Monate dauerte. Nachts lag ich wach und malte mir aus, wo sie wohl sein könnte und was sie machte. Tagsüber hatte ich mit meinen eigenen Kindern soviel zu tun, daß ich die Gedanken meist wegschob. Ich redete mir immer wieder ein, daß sie schon wieder auftauchen werde, wenn der Winter kommt.
Was mich so erschreckte, war die Tatsache, daß häufig ganz einfach Jugendliche verschwanden und sich niemand, auch die Polizei nicht, darum kümmerte. Hatte ich eine Spur aufgetan, war die Solidarität unter den Jugendlichen so groß, daß ich nichts weiter herausbekam. Ich kannte langsam alle Kommunen zwischen Hamburg und München, aber kaum tauchte

ich dort voller Hoffnung wieder auf, hieß es, Kirsten sei gerade wieder weggegangen. Meine Kinder ließ ich zu Hause, sie wurden notdürftig von einer Nachbarin betreut. Mein Ehemann hatte nur wenig Zeit. Die Großeltern erkundigten sich nur beiläufig. Außerhalb der Familie wurde das Thema noch stärker tabuisiert als innerhalb. Was sollten denn die anderen von uns denken? So wurde die Sache totgeschwiegen, und jeder ging weiter seiner Wege. Als der Winter kam, tauchte Kirsten wieder auf. Insgesamt war sie ein halbes Jahr ohne jedes Lebenszeichen fort gewesen.

Kirsten ist ein Beispiel für die Selbstmordgefährdung zahlreicher Jugendlicher, die in großem Wohlstand aufgewachsen sind. Nicht zufällig nahm mit dem steigenden Wohlstand in der Bundesrepublik auch die Anzahl der Selbstmorde zu (seit 1960 um 20 Prozent; damit wird die Bundesrepublik nur noch übertroffen von Österreich, Schweden und der Schweiz). In Ländern mit niedrigerem Lebensstandard, in denen die Menschen hart um ihr tägliches Brot kämpfen müssen, ist die Selbstmordrate weitaus geringer. Der Wohlstand macht die Menschen äußerlich reicher und innerlich ärmer. Luxus kann lebensmüde machen.

Die Frage nach dem Sinn des Lebens bleibt für viele junge Menschen unbeantwortet. Sie flüchten sich oft in eine Traumwelt und verschlimmern so ihre Misere im Alltagsleben. Mit dieser Auswegslosigkeit läßt sich auch die Anziehungskraft von Jugendsekten, schwarzen Messen oder der New-Age-Bewegung erklären. Das Wort Freude ist für die meisten dieser Jugendlichen ein Fremdwort. Auf was sollten sie sich freuen – sie haben ja alles! Häufig glauben sie, in einem goldenen Käfig zu sitzen und das Leben an sich vorbeiziehen zu sehen. Nicht, daß diese Kinder gar nichts mehr fühlen – vielmehr fühlen sie stark, daß sie nichts mehr fühlen.

Der Mensch ist nicht geboren, um allein zu sein. Wir wissen aus Untersuchungen, daß der Mensch nicht ohne Gesellschaft und Gemeinschaft leben kann. Das Ich überlebt nicht ohne ein anderes Ich. Die Ich-Du-Beziehung gehört zum Leben. Wir wissen auch, daß der Mensch nicht mehr Mensch sein kann, wenn er nur und ausschließlich auf sich selbst und das eigene Ich bezogen ist. Ist es dann ein Wunder, wenn Jugendliche von zu Hause weglaufen, weil sie dort keine Gemeinschaft finden und in Sekten flüchten? Ein Fall aus meiner Praxis beleuchtet das Motiv des Selbstmordes aus einer inneren Leere heraus:

Klaus

»Warum«, fragen sich immer wieder die Eltern von Klaus, »warum hat er das getan?« Klaus war ein normaler Junge, gut in der Schule, beliebt bei Freunden, und er wuchs in einer harmonischen Familie auf. Auf dem Heimweg nach einer gelungenen Fete war er etwas angetrunken und nahm plötzlich einige Körner Rattengift, die er in seiner Tasche hatte. Er spülte das Ganze mit Sekt hinunter. Dann stürzte er sich von der Autobahnbrücke. Die Rettung kam sehr schnell, und nach 20 Minuten lag er auf der Intensivstation des nahen Krankenhauses. Das Gift wurde aus dem Körper entfernt und hatte keinen Schaden hinterlassen. Er war ganz klar bei Bewußtsein und konnte seine Handlung nicht erklären. Nach sechs Stunden bekam er innere Blutungen. Er kämpfte um sein Leben und wollte mit aller Gewalt leben. Nach vier Tagen erlag er seinen inneren Verletzungen. Die Verzweiflung der Angehörigen und Freunde und die Fassungslosigkeit über diesen Tod war groß.

2. Liebeskummer

Kirsten war in der Pubertät sehr zerrissen. Sie versuchte, bei immer wieder neuen Freunden Anerkennung, Geborgenheit und Selbstachtung zu finden. Freundinnen hatte sie kaum. Natürlich klammerte sie furchtbar, und so ging jede Beziehung nach kurzer Zeit in die Brüche. Leider waren die Jungen genauso labil und hilflos wie sie, was das Leid in der Pubertät noch verschlimmerte. Weil sie wußte, daß ich diese Jugendlichen ablehnte, traf sie sich heimlich mit ihnen. So kam es zu den tollsten Lügengeschichten. Erfuhr ich die Wahrheit, war ich sehr erbost und griff zu noch härteren Verboten. Daraufhin log sie noch mehr als zuvor.

Leider gab es keinen Menschen – weder mein Ehemann, noch ihre Großeltern oder Paten –, die mir halfen oder sagten, was ich falsch machte. Wenn ich verzweifelt war und um Hilfe bat, hörte ich meist nur: Es hat dich doch keiner gezwungen, das Kind zu nehmen.

Im Falle meiner Pflegetochter verletzten die Partnerschaftsprobleme zwar das Selbstwertgefühl des jungen Mädchens, doch zu Selbstmordabsichten allein aus Liebeskummer kam es bei ihr glücklicherweise nicht. Das ist in zahlreichen Fällen leider anders – Liebeskummer ist eines der häufigsten Motive für eine Selbsttötung. Gerade in der so schwierigen Phase der Pubertät neigen die Jugendlichen häufig dazu, ihren emotionalen Problemen eine überdimensionale Bedeutung beizumesssen. Häufig ist der Selbstmord aus Liebeskummer eine Panikhandlung, die einem Racheakt gleichkommt. Der oder die Verlassene will bei dem ehemaligen Partner ein Schuldgefühl für die Trennung hervorrufen. Es kann aber auch die Leere sein, die die Lebensmüden empfinden, wenn sie zu ihren Problemen die Bezugsperson (Freund oder Freundin) verlieren. Die Geborgenheit, die sie in der Familie vermißt und dann beim Partner gefunden haben, ist nun auch noch abhanden gekommen. Die Betroffenen fühlen sich auf ein Abstellgleis geschoben und haben das Gefühl einer tiefen Beziehungslosigkeit.

Kommt die Krise oder der Bruch bei der ersten ernsthaften, längeren Beziehung, so ist das Selbstwertgefühl der jungen Menschen besonders stark gefährdet. Als die Beziehung noch intakt war, hatten sich viele Paare oft in jugendlichem Über-

schwang ewige Liebe bis in den Tod geschworen. Das plötzliche Ende führt dann häufig zu Schwermut, Weltschmerz, Traurigkeit und Lebensüberdruß. In der Seele bleibt eine schmerzliche Leere zurück. Kennzeichen der Pubertät ist es ja, daß ganz belanglose Ereignisse diese jungen Menschen aus der Bahn werfen können. Die Betroffenen fallen in Tagträume und versinken darin. Ihre Hoffnungen erfüllen sich nicht, Enttäuschung macht sich breit. Sie fliehen in Resignation und Verzweiflung. Das ganze Leben erscheint als wert- und sinnlos, der Wille zum Leben ist schmerzlich getroffen. Der Selbstmord wird als letzter Ausweg angesehen.
In einer derartigen Situation benötigen die Jugendlichen einen verständnisvollen Menschen, dem sie ihr Herz ausschütten können. Sie dürfen auf keinen Fall der Gefahr ausgesetzt werden, verspottet oder mißverstanden zu werden. Selten sind diese Bezugspersonen Mutter oder Vater, da diese die Probleme ihrer Kinder in dieser Lebensphase meist nur schwer verstehen. Hier sollten Schule (Lehrer) oder Kirche (Pastor) das Vertrauen der jungen Menschen finden und ihnen aus den Schwierigkeiten in ein sinnerfülltes Dasein helfen. Eine besondere Bedeutung kommt natürlich dem Freundeskreis zu, in dem es sicherlich immer jemanden mit ähnlichen Sorgen gibt. Drei Beispiele aus meiner Praxis zeigen, wie verschiedene Arten von Liebeskummer oder Beziehungsproblemen junge Menschen in den Selbstmord treiben können. Sie zeigen aber auch, wie vielschichtig die Suizidproblematik ist.

Uta

Uta war das dritte Kind sehr dynamischer Eltern. Ihr Vater war Akademiker, die Mutter Hausfrau. Damit war die Mutter etwas unzufrieden, da sie glaubte, in ihrem Leben etwas verpaßt zu haben. Sie hatte Abitur gemacht, geheiratet, und nun träumte sie von Selbständigkeit im Berufsleben. Uta war ein graziles, hübsches Kind. Im Gegensatz zu ihrer älteren

Schwester und ihrem jüngeren Bruder schaffte sie die Schule spielend. Sie war der Liebling des Vaters, hatte viele Freunde, und wurde zur Schulsprecherin gewählt. Etwas Negatives schien es nicht zu geben. Sie machte ein sehr gutes Abitur und studierte Sport und Geschichte. Mit Männerbekanntschaften hatte sie keine Schwierigkeiten, und wenn das Ende programmiert war, machte sie Schluß, nicht ihre Freunde. So litt sie eigentlich niemals, im Gegensatz zu ihren zurückgelassenen Lieben. Ihre Fröhlichkeit, ihr Lachen und auch Sorglosigkeit waren für sie eine Selbstverständlichkeit, mit der sie alles ohne große Anstrengungen bewältigte.

In ihrer Studienzeit lernte sie einen acht Jahre älteren Mann kennen. Er war Wissenschaftler und im Berufsleben sehr erfolgreich. Für sie war es die große Liebe ihres Lebens. In dieser Beziehung gab es ständig Höhen und Tiefen. Da sie sehr verwöhnt war, kam sie mit den Tiefen nicht so gut zurecht. Zum ersten Mal hatte nicht sie die Fäden in der Hand, sondern war sie es, die stärker liebte. Diese Liebe war geprägt von einem ewigen Kampf zwischen Auseinandergehen und Zusammenbleiben. Nach einer Auseinandersetzung, es war im Urlaub auf einem Boot, verließ der Freund sie fluchtartig.

Sie muß so verzweifelt gewesen sein, daß sie sich die Pulsadern aufschnitt. Als ihr Freund am nächsten Morgen zurückkam – er hatte bei einem Freund im Zelt übernachtet –, war sie tot. Neben der Toten lag ein Brief: »Ohne ihn will ich nicht leben, und mit ihm kann ich nicht leben. Uta.«

Wenn jemand so plötzlich und ohne jegliche Vorwarnung den Entschluß faßt, seinem Leben ein Ende zu setzen, dann läßt sich das nur als Kurzschlußreaktion oder als Racheakt gegenüber ihrem Freund deuten. Das erste Mal in ihrem Leben hat sie nicht das bekommen, was sie sich vorgestellt hat. Da der Mann in der Nacht nicht zurückgekehrt ist, fühlt er sich an ihrem Tod schuldig. Unfaßbar war es für die Eltern. Sie haben sich für die Gesellschaft und den Freundeskreis ein Lügengebilde aufgebaut. Sie erzählen jedem, daß ihr Kind bei einem Surfunfall ums Leben gekommen sei. Das Leid wird dadurch nicht geringer, denn wer nicht über den Tod seines Kindes reden kann, wird ihn nicht verwinden.

Romeo und Julia

Voll Entsetzen und verzweifelt kamen zwei Ehepaare in meine Praxis. Für sie war etwas Unfaßbares geschehen. Ihre Kinder hatten sich im blühenden Alter von 17 Jahren – sie besuchten die gleiche Schulklasse – das Leben genommen. Er wollte Theaterwissenschaften studieren, um einmal Dramaturg zu werden, ihr Berufsziel war Modedesignerin. Beide waren sehr sensibel und verbrachten seit einem Jahr ihre gesamte freie Zeit miteinander. Keiner tat etwas ohne den anderen, und Freunde und Freundinnen hatten sie kaum noch. Sie genügten sich selbst und bauten um sich herum einen große Mauer. Sie lebten in einer Traumwelt. Beide Elternpaare waren sehr realistisch und versuchten immer wieder, ihre Kinder auf den Boden der Tatsachen zurückzubringen.

Die Leistungen in der Schule wurden jedoch immer schlechter. Irgendwann sprachen die Eltern Verbote aus. Die Kinder sollten pünktlich zu Hause sein und sich für eine kurze Zeit nicht mehr sehen. Natürlich trafen sich die Liebenden heimlich. Dieses führte in beiden Familien zu Streitereien mit den Kindern, da irgendwann ihr Lügengebilde einstürzte. Eines Abends kamen beide nicht nach Hause. Man fand sie erst am nächsten Morgen in einer Schrebergartenhütte, die einem befreundeten Ehepaar gehörte. Sie waren tot. Beide lagen ganz friedlich in einem Meer von Rosen. Der Videorecorder lief noch. Sie hatten den Film gesehen, in dem sich Kronprinz Rudolph mit seiner Geliebten das Leben nahm. Auch diese beiden durften und konnten nicht zusammen leben.

Diese tragische Liebesgeschichte hatten diese beiden Jugendlichen so verinnerlicht, daß sie diesem Beispiel folgten. Auch in dem Film war das Zimmer mit vielen Rosen geschmückt. Diese beiden jungen Menschen nahmen allerdings keinen Revolver, sondern Gift. Zwei sensible Kinder beendeten so in der pubertären Phase ihr Leben. Zwei liebende Elternpaare sind jetzt voll von Schuldgefühlen. Aber was hätten sie anders machen können?

Thomas

Sie saß mir gegenüber und war völlig niedergeschlagen und verzweifelt. Das Leben war nicht gerade sanft mit ihr umgesprungen. Ihr fehlte der Mut zum Weiterleben. Stammelnd erzählte sie: »Erst das mit meinem Sohn, dann wurde ich tablettensüchtig, und nun habe ich auch noch Krebs.« Sehr langsam und erst nach vielen Therapiestunden wurde mir die ganze Tragödie deutlich. Um von zu Hause zu fliehen, hatte sie mit 18 Jahren geheiratet. Ihr Mann war vier Jahre älter als sie, also auch noch nicht ganz erwachsen. Er war Alkoholiker, und wenn er betrunken war, schlug er seine Frau und vergewaltigte sie. Innerhalb des ersten Ehejahres wurde sie schwanger, sie freute sich auf das Kind. Es wurde ein Junge, dem sie den Namen Thomas gaben. Thomas wurde mit einer Fußdeformation, im Volksmund Klumpfuß, geboren. Auch war das linke Bein etwas kürzer. Der Vater war enttäuscht, ließ die Wut bei seiner Frau aus und nannte das Kind nur noch Krüppel oder Mißgeburt. Dieses Wort Krüppel prägte sich bei dem Jungen ganz tief ein.
Als das Kind sechs Jahre alt war, ging seine Mutter mit ihm zurück in ihr Elternhaus. Sie wußte keinen anderen Ausweg, aber für sie und Thomas war diese Lösung jedenfalls besser, als bei ihrem alkoholsüchtigen Mann zu bleiben. Mit Thomas war sie ständig unterwegs. Krankenhausaufenthalte, Operationen, Streckverbände, Gymnastik und vieles mehr. Als der Junge mit sieben Jahren eingeschult wurde, konnte er mit einer Schiene gehen. Er benötigte allerdings orthopädische Schuhe und hinkte sehr. Er war ein guter Schüler, und die Schule machte ihm Spaß. Das Leben der Mutter war ganz auf den Jungen fixiert. Wenn er gehänselt wurde, kam er oft völlig

deprimiert nach Hause. Kinder können bekanntlich grausam sein, und so fiel auch mal das Wort Krüppel. Er bekam Tobsuchtsanfälle und schlug um sich. Seine Mutter heiratete zum zweiten Mal einen fürsorglichen, lieben Mann, der ihm ein guter Vater war. Thomas bekam keine Geschwister mehr, denn für seine Mutter war es ganz klar, daß sie ihre gesamte Kraft für ihn brauchte.

Thomas machte die mittlere Reife und begann anschließend eine Lehre als Tischler. Die Arbeit machte ihm viel Spaß, und er bekam auch viel Lob. Im Alter von siebzehn Jahren lernte er ein Mädchen kennen. Seine Gedanken kreisten nur um diese Person. Nachts träumte er von ihr, und in seinen Tagträumen war sie der Mittelpunkt. Er opferte sein ganzes Geld, machte ihr Geschenke und lud sie ständig ein. Er war immer bemüht, alles richtig zu machen, um sie nicht zu verärgern. Eines Abends auf der Fahrt nach Hause, sah er sie lachend in den Armen eines älteren Kollegen. Am nächsten Tag wollte er mit ihr reden, aber sie weigerte sich. Doch er ließ nicht locker, bis sie schließlich mit der Sprache herauskam. Ihre Freundinnen hätten sie ausgelacht, weil sie mit einem Krüppel zusammen sei. Sie könne es nicht ertragen, wenn er neben ihr ginge, kleiner sei und hinke. Diese Schuhe seien unmöglich, und sie schäme sich, mit ihm gesehen zu werden. Unter Schock setzte sich Thomas auf sein Motorrad und fuhr in einen nahegelegenen Wald. Dort übergoß er sich mit Benzin und zündete sich an. Er wollte damit wohl zeigen, daß er den Krüppel vernichtete. Mit sehr starken Verbrennungen kam er ins Krankenhaus und lebte noch eine Woche. Während dieser Zeit besuchte ihn sein Stiefvater, riet aber seiner Frau davon ab. Der Junge lag im Koma und sein Anblick muß kaum zu ertragen gewesen sein. Er war völlig entstellt. Auch der Hausarzt sagte der Mutter, daß sie den Anblick nicht verkraften könne. Deshalb blieb sie zu Hause und litt darunter furchtbar.

Als sie hörte, daß ihr Sohn gestorben war, bekam sie einen Nervenzusammenbruch und wurde in ein Krankenhaus eingeliefert. Als ihr Sohn beerdigt wurde, lag sie unter starker Tabletteneinwirkung auf der Psychiatrie. Im weiteren Verlauf wurde sie tablettenabhängig, da die Ärzte ihr immer stärkere Dosen verschrieben. Sie nahmen sich nie die Zeit, sie einmal anzuhören. Nach fünf Jahren bekam sie dann auch noch Brustkrebs. Sie hatte sich von ihrem Sohn nicht verabschieden können, und manchmal dachte sie: Vielleicht ist er ja gar nicht tot. Wenn sie sich die Fotos von der Beerdigung anschaut, kommt ihr manchmal der Gedanke in den Sinn, daß da eventuell ein anderer Mensch im Sarg liegt, nicht aber ihr Sohn. In den ersten Jahren meinte sie jeden Abend um die Zeit, zu der ihr Sohn immer nach Hause kam, ein Motorrad zu hören. Es fiel ihr sehr schwer, sich immer wieder einzugestehen, daß ihr Sohn tot ist und niemals wiederkommen wird. So dauerte es sehr lange, bis sie endlich akzeptiert hatte, daß es Thomas nicht mehr gibt. Selbst heute noch, acht Jahre später, kann sie kaum darüber sprechen.

3. Märtyrer wird es immer geben

Glücklicherweise bringt sich heute niemand mehr um, weil seine Ehre befleckt ist. In früheren Zeiten dagegen führten Spielschulden oder gesellschaftliche Ächtung nicht selten dazu, daß junge Offiziere sich mehr oder weniger freiwillig das Leben nahmen. Auch Mädchen, die verlassen wurden oder ein uneheliches Kind erwarteten und deshalb Angst vor der Schande hatten, begingen häufig Selbstmord. Heutzutage sterben manche Menschen dagegen freiwillig für ein Wertesystem, das sie sich selbst auferlegt haben. So verbrannte sich der tschechoslowakische Widerstandskämpfer Jan Palach 1968 im Anschluß an den Prager Frühling, um auf die Unterdrückung durch die Sowjets aufmerksam zu machen. Buddhistische Mönche zündeten sich in Saigon an, und es gibt junge Menschen, die in einen Hungerstreik treten, um auf die Misere in der Gesellschaft und in der Politik aufmerksam zu machen. So versuchen sie, durch ihr Leiden oder sogar ihren Tod ihrem Leben einen Sinn zu verleihen. Märtyrer hat es immer gegeben und wird es immer geben. Heutzutage ist das allerdings ein Selbstmordmotiv, das nur sehr selten vorkommt.

4. Das russische Roulette

Viele junge Menschen berauschen sich an dem Kitzel, sich aus dem Hochhaus zu hangeln, an Dachrinnen zu hängen oder als Geisterfahrer absichtlich auf der falschen Seite der Autobahn zu fahren. Sie erklimmen das Dach der S-Bahn und ziehen in letzter Sekunde den Kopf ein, wenn die Bahn auf eine Unterführung zurast. Sie nennen sich »S-Bahn-Surfer«, ihre Spitzenleistung ist der Tanz auf dem Waggondach. Zahlreiche dieser S-Bahn-Surfer – die meisten von ihnen sind zwischen 15 und 19 Jahre alt – wurden in den letzten Jahren schwerverletzt, viele Abstürze endeten sogar tödlich.
Ist diese moderne Form des russischen Roulettes die Flucht vor einer inneren Leere? Oder sind es aggressive, selbstzerstörerische Impulse, die die jungen Menschen zu diesen Taten treiben? Häufig ist die Grenze zwischen Selbstmordversuch und Risikoverhalten allerdings schwer zu ziehen. Ein Reinhold Messmer kommt von seinen Bergabenteuern psychisch gestärkt zurück, und auch Drachenflieger, Wildwasserkanuten oder Rennfahrer gehen ein hohes Risiko ein, das sie in manchen Extremfällen bis an den Rand des Todes führt. Doch diese Menschen spielen nicht mit dem Tod, wie es bei vielen der »S-Bahn-Surfer« der Fall zu sein scheint. Diese Jugendlichen setzten sich bewußt dem Risiko des Todes aus.
Man sollte nicht glauben, daß Jugendliche mit diesen selbstzerstörerischen Verhaltensweisen vorwiegend aus sozial schwachen Familien stammen. Nicht alle der Betroffenen sind schulisch und sozial erfolglos oder fallen durch aggressi-

ves Verhalten auf. Häufig gelten sie allerdings als Außenseiter. Sie kommen meist aus unstabilen Familien, in denen jeder seinen eigenen Weg geht und nur wenig Bindungen unter den Familienmitgliedern bestehen. Ihre Tat kann als ein Schrei nach Hilfe ausgelegt werden. Ihnen fehlt der Sinn des Lebens, alles erscheint ihnen als eine trostlose Langeweile. In gewisser Weise ist dieses Verhalten eine Variation des schon beschriebenen Wohlstandsmotivs.

5. Drogen – Selbstmord auf Raten

Wenn ich an die Zeit mit Kirsten zurückdenke, steigt mir manchmal in Gedanken noch immer der süßliche Geruch von Haschisch in die Nase. Er hatte sich zuweilen in den Kleidern meiner Pflegetochter festgesetzt, und oft dauerte es sehr lange, bis er wieder verflogen war.

Ich wußte, daß Kirsten Haschisch rauchte, doch ich verdrängte es. Das Nicht-Wissen-Wollen war stärker als die Einsicht in die Realität. Ich stand dem Thema Drogen völlig hilflos gegenüber. Mehrmals erzählte mir Kirsten, daß in der Schule Haschisch geraucht werde, und »ein Joint ganz locker für fünf Mark zu kriegen ist«. Wenn ich sie fragte, ob sie selbst auch rauche, tat sie ganz erbost und fragte dann: »Woher soll ich denn das Geld dafür nehmen?«

Sie nahm es in kleinen Mengen aus meinem Portemonnaie. Heute habe ich volles Verständnis für diese Aktionen. Es war die Einsamkeit, die Kirsten in dieses Milieu trieb. Durch den Joint, der herumgereicht wird, entsteht ein großes Gefühl von Zusammengehörigkeit, das Kirsten sonst nirgends finden konnte. In die wirkliche Drogenszene kam Kirsten aber erst, als sie von zu Hause weglief. Zum Glück hat sie niemals Heroin genommen, da sie von Kindheit an eine große Angst vor Spritzen hatte. Dafür bin ich ihr noch heute dankbar.

Doch wovor fliehen diese Jugendlichen, die zu Drogen greifen? Warum werden in den Bahnhofstoiletten immer wieder Herointote gefunden? Der Griff zur Droge ist eine Flucht aus der Gesellschaft, aus der gesellschaftlichen Wirklichkeit. Die Jugendlichen kehren sich ab von der Leistungs- und Konsumgesellschaft und lassen sich in Rausch und Versenkung fallen. Drogen sollen helfen gegen Lebensschwierigkeiten, gegen Schmerz, Leid, Versagensgefühle, Wertlosigkeit, Gefühle der eigenen Ohnmacht und Hilflosigkeit. Die Jugendlichen wehren sich gegen den Zwang, sich einordnen zu müssen. Alles um sie herum erscheint ihnen geplant, geregelt und bestimmt. Gefühle der Ohnmacht und Lähmung aller Eigeninitiative sind die Folge. Rausch und Traumzustände sind gleichzeitig eine Flucht und eine Art Auflehnung, ein Protestschrei. Auf einmal verschwindet die gesamte Enge des Alltags. Im künstlichen Traum wird alles möglich.

Das eigene Ich erlangt eine Bedeutung und Größe, die im Alltag schmerzlich vermißt wird. Zur Droge greifen vor allem die Jugendlichen, die ihre Probleme nicht lösen können, die mit ihrer Empfindlichkeit und Widerstandslosigkeit gegen Kränkung und Versagen nicht fertig werden. Sie flüchten sich in eine Traumwelt. Das Sich-Befreien-Wollen aus der Enge des Alltags und der Familie, das Nicht-Mehr-Durchstehen-Können von Leid und Entbehrung sowie eine große Sehnsucht nach der heilen Welt sind wohl die Hauptgründe dafür, daß viele Jugendliche scheibchenweise in den sicheren Tod gehen.

Dazu ein Auszug aus dem Buch: ›Wir Kinder vom Bahnhof Zoo‹ von Christiane F.

»Christianes Mutter: Sie erzählte mir, daß sie teilweise Rauschgift nehmen würden. Von Heroin sprach sie nicht. Die würden Hasch rauchen und Trips schmeißen. Sie hat mir ganz greuliche Sachen geschildert, auch, daß ihre Freundin Babsi süchtig sei. Doch sie sprach so angewidert von diesen Dingen, fand das so abstoßend – ich hätte nie für möglich gehalten, daß sie das selber macht.

Als ich sie fragte: ›Warum gibst du dich mit diesen Leuten überhaupt ab?‹ sagte sie: ›Ach Muttichen, die tun mir so leid. Keiner will etwas mit ihnen zu tun haben. Und die freuen sich doch, wenn man mit ihnen spricht. Die brauchen doch Hilfe.‹ Und hilfsbereit war Christiane ja immer schon. Heute weiß ich, daß sie damals von sich selber sprach.
Christiane F.: Ich las die Zeitung, obwohl es mich nervte. Ich las: ›Glaserlehrling Andreas W. (17) wollte vom Rauschgift loskommen. Seine 16jährige Freundin, eine Schwesternschülerin, wollte ihm helfen: vergeblich. In der Wohnung in Tiergarten, die sein Vater dem jungen Paar für mehrere tausend Mark eingerichtet hatte, setzte er sich den Todesschuß.‹ Dann hatte er noch einen Abschiedsbrief geschrieben, der auch in der Zeitung abgedruckt war: ›Ich werde jetzt mein Leben beenden, weil ein Fixer allen Verwandten und Freunden Ärger, Sorgen, Bitternis und Verzweiflung bringt. Er macht sich nicht nur selbst kaputt, sondern auch andere. Dank meinen lieben Eltern und meiner kleinen Omi. Körperlich bin ich eine Null. Fixer sein ist immer der letzte Dreck. Aber wer treibt die Leute, die jung, voller Lebenskraft auf die Welt kommen, ins Unglück? Es soll ein Warnbrief sein, für alle, die einmal vor der Entscheidung stehen: Na versucht es mal? Ihr Dummköpfe, seht es doch an mir.‹«

Das Gefühl des High-Seins wird erstrebt zur Überwindung der Isolation. Das Gemeinsame und Miteinander in der Gruppe wird gesucht, und somit ist auch die Drogensucht eine Folge der Einsamkeit unserer Kinder! Die Jugendlichen kommen fast alle aus zerrütteten Familien. Sie finden am Anfang Geborgenheit in dem Drogenmilieu, aber am Ende ist es die Hölle und der Tod.

**Was können Eltern tun,
wenn ihr Kind drogengefährdet ist?**

Es ist in vielen Fällen schwer, Drogenmißbrauch oder Abhängigkeit zu erkennen. Viele Eltern merken erst nach längerer Zeit, daß ihre Kinder Drogen nehmen oder abhängig sind. Alle für den Laien erkennbaren Symptome können auch andere Gründe haben. Regelmäßiger Drogenkonsum kann sich äußern in (nach Bundeszentrale für gesundheitliche Aufklärung; Köln):

Körperlichen Störungen wie häufigen Kopfschmerzen, Neigung zu Schwindel, Ohnmacht, Herz-Magen- und Darmbeschwerden, Menstruationsstörungen, Angstzuständen, depressiven Verstimmungen, blasser und fahler Haut, Zittern der Hände, verwaschener Sprache.

Psychischen Störungen wie Überempfindlichkeit, Mißtrauen, Ängstlichkeit, Stimmungsschwankungen, leichter Ermüdbarkeit, Interessenlosigkeit bis hin zur Apathie, Lern- oder Leistungsschwierigkeiten, Leistungsabfall in der Schule, in der Ausbildung und am Arbeitsplatz ohne erkennbaren Grund, plötzlicher Lösung von Freundschaften und nachfolgenden ständig wechselnden Bekanntschaften, auffallender Interessenlosigkeit, Aufgabe von Hobbys, ohne neue zu entwickeln, resignatorische Lebenseinstellung, Pessimismus und Meinungsschwankungen.

Alle diese Anzeichen deuten darauf hin, daß sich ein Kind nicht wohl fühlt. Es ist wichtig, diese Anzeichen ernst zu nehmen. Drogen werden oft als Problemlöser angeboten. In vielen Fällen kann auch der Kontakt mit den Freunden des Kindes sehr nützlich sein. Sie wissen oft besser über seine psychische Situation Bescheid als die Eltern.

Wo finden Eltern Hilfe?

Hier einige Ratschläge der Bundeszentrale für gesundheitliche Aufklärung, für Eltern, die bei ihrem Kind Drogenkonsum oder die Gefährdung vermuten:

Informieren Sie sich über Drogen und ihre Auswirkungen. Drogenberatungsstellen, Gesundheitsämter, Jugendämter, freie Verbände haben heute gutes Informationsmaterial. Versuchen Sie im Gespräch mit ihrem Kind seine Situation zu verstehen. Suchen Sie Drogenberatungsstellen auf. Hier sind Mitarbeiter, die jahrelange Erfahrungen mit Drogengefährdeten und Abhängigen haben. Gerade weil die Mitarbeiter nicht Betroffene wie Sie sind, sehen sie die Probleme ihres Kindes manchmal anders und objektiver.
Wenden Sie sich an bestehende Elternkreise. Hier können Sie mit Eltern reden, denen es ähnlich geht oder denen es zusammen mit ihrem Kind gelungen ist, die Abhängigkeit zu überwinden.
Nutzen Sie die eventuell noch verbliebenen Beziehungen zu ihrem Kind, um ihm Alternativen eines drogenfreien Lebens vor Augen zu führen und es für eine Beratung empfänglich zu machen.
Eine erfolgversprechende Behandlung ihres Kindes kann auch von Ihnen Verhaltensänderungen fordern. Seien Sie dazu bereit! Der Weg aus der Drogenabhängigkeit ist mühsam und langwierig. Er wird begleitet von Rückschlägen und Mißerfolgen. Ihnen bleibt oft nichts anderes übrig, als zu warten und Geduld zu haben. Greifen Sie deshalb nicht ungeduldig in therapeutische Prozesse ein. Nutzen Sie die Zeit einer Langzeittherapie ihres Kindes für sich selbst und ihre Familie durch Gespräche mit der Drogenberatungsstelle, durch Elterngruppen und Elternkreise.

6. Kindesmißhandlung

Gewalt gegen Kinder und Jugendliche ist ein sehr weit verbreitetes Problem. Wie gerne sind Nachbarn, Lehrer und Freunde bereit zu glauben, die blauen Flecken kämen von einem Sturz von einer Leiter, vom Klettern auf dem Baum oder von einem Sturz die Treppe hinunter. Eine Tracht Prügel hat noch nie einem Kind geschadet, und eine Ohrfeige zur rechten Zeit gehört zur guten Erziehung – wer kennt diese Sprüche nicht? Welche Schmach und welchen Schmerz diese Mißhandlungen jedoch für die Kinder bedeuten, läßt sich nicht zuletzt an der hohen Anzahl von jungen Menschen ablesen, die von zu Hause flüchten.

Gewalt in den Familien kann viele Gründe haben, etwa Unzufriedenheit, Arbeitslosigkeit oder Alkoholismus. Sehr wichtig ist jedoch auch die Erziehung, die die Eltern selbst erhalten haben. Wer als Kind geschlagen wurde, schlägt seine Kinder wieder. Wer im Leben keine Liebe bekommen hat, kann auch keine Liebe geben. Dies ist ein Kreislauf, aus dem viele Familien nicht herauskommen. Die Situation verschlimmert sich in hohem Maße, wenn zu den Schlägen sexueller Mißbrauch von Kindern und Jugendlichen hinzukommt. Leider ist die Dunkelziffer sehr hoch, da die Schädigungen den Kindern äußerlich selten anzumerken sind und die Betroffenen aus Angst oder Scham nur selten über den Mißbrauch reden.

Mir fällt ein Fall aus meiner Praxis ein: Ein 15jähriges Mädchen war jahrelang von seinem Vater, der arbeitslos war, mißbraucht worden. Die Mutter war berufstätig und hat es angeblich nicht gemerkt. Mutter und Tochter kamen zu mir nach einem Suizidversuch des Kindes. Das Mädchen hatte sich die Pulsadern aufgeschnitten und an den Waldrand gelegt. Ein Spaziergänger hatte sie noch rechtzeitig gefunden.

Mit der Annahme der Hilfe von außen, dem Aufsuchen eines Psychotherapeuten, war schon der bedeutendste Schritt für die Lösung des Problems getan. Mutter und Tochter wurden sich der Ausweglosigkeit des Zusammenlebens mit ihrem Mann bzw. Vater bewußt und verließen die gemeinsame Wohnung. Die Beziehung zwischen Mutter und Tochter wurde dadurch sehr gefestigt.

Oft offenbart sich die ganze Tragik des Kindesmißbrauches

erst nach heftigem Alkoholkonsum. Diese jungen Mädchen greifen zur Flasche, weil sie einfach alles vergessen und an nichts mehr denken wollen. Im Alkoholrausch erzählen sie dann ihren Freundinnen von dem sexuellen Mißbrauch.
Die Täter sind nicht immer die Väter oder Onkel, sondern manchmal auch die Großväter. Die Eltern sind beide berufstätig, der Großvater ist noch relativ jung, 55 oder 60 Jahre, die Großmutter trägt die Verantwortung für das Enkelkind.
Die Kinder werden zum Schweigen gebracht mit Drohungen wie: Wenn du es jemandem erzählst, glaubt dir sowieso keiner. Sie lachen dich alle aus. Du darfst es keinem erzählen, es ist unser Geheimnis, und falls du es doch tust, kommst du in ein Heim und darfst nie wieder zu deiner Großmutter kommen.
Ob die Mütter oder Großmütter wirklich nichts merken, möchte ich bezweifeln. Würden sie aufmerksam die Verhaltensweisen ihrer Kinder oder Enkelkinder beobachten, würde ihnen ganz bestimmt eine Veränderung auffallen. Oft wissen die Mütter oder Großmütter es auch oder ahnen es zumindest, aber aus Scham, daß der Nachbar, der Freund oder irgend jemand es sonst erfährt, schweigen sie und sehen einfach nicht hin. Sie wollen es nicht sehen, trotzdem sie es sehen müßten. Das mißbrauchte Kind hat somit keine Hilfe, weder bei den Eltern, noch bei den Freundinnen. Leider verschließen immer noch viel zu viele Angehörigen ihre Augen und wollen es nicht wahrhaben.

7. Der Werther-Effekt oder der Suizid als Nachahmung

Als Werthereffekt wird die Zunahme der Selbstmorde nach dem Erscheinen von Goethes ›Die Leiden des jungen Werthers‹ bezeichnet, in dem sich ein junger Mensch aufgrund einer unerwiderten Liebe umbringt. Dieser Effekt beschäftigt die Psychiatrie und die Suizidforschung seit langer Zeit.

Dabei handelt es sich um ein ganz klares Nachahmungslernen, das jeder von aus der Pubertät kennt: Schauspieler, Sänger, Popstars, Freund oder Freundin, Vater oder Mutter werden bewundert und imitiert. Dieses dem Vorbild Nacheifern kann bis zum Selbstmord gehen, da Jugendliche besonders in der Pubertät dazu neigen, den Tod zu verherrlichen.

Es ist jedoch niemals nachgewiesen worden, ob der Anstieg der Selbstmordrate nach dem Erscheinen von Goethes Roman tatsächlich auf die traurige Geschichte von der Liebe und dem Tod des jungen Werther oder aber auf andere Faktoren zurückzuführen ist. Goethe selbst sagte im Jahr 1813, mit dem Buch sei ein Übel aufgedeckt worden, das bereits in den jungen Gemütern geschlummert habe. Er habe kein Wertherfieber mit seinem Buch hervorgerufen.

Wie ist das heutzutage? Im Januar und Februar 1981 strahlte das Fernsehen die sechsteilige Serie ›Tod eines Schülers‹ aus. Die Fernsehserie zeigte den Weg eines 19jährigen in den Selbstmord, und zwar aus der Sicht der Eltern, der Lehrer, der Freunde und der Mitschüler. Zu Beginn jeder Folge wurde gezeigt, wie sich die Hauptperson vor einen Zug wirft. Die Sendung war offensichtlich dazu gedacht, den Zuschauer für das Thema Selbsttötung von Jungendlichen zu sensibilisieren. Bewirkt hat sie allerdings das Gegenteil – ein erheblicher Anstieg der Eisenbahnsuizide war die Folge. Alle Daten weisen daraufhin, daß die Ausstrahlung dieser Serie zu einer echten Zunahme der Suizide bei Jugendlichen geführt haben. Junge Männer, sie ähnelten im Alter und Verhalten dem Helden der Fernsehserie, nahmen sich zweieinhalbmal so oft das Leben nach dem Modell des Fernsehfilms.

Fernsehsendungen kommen ins Wohnzimmer und sind Jugendlichen, Alten, Kranken und psychisch labilen Menschen zugänglich, leichter als ein Buch oder ein Kinofilm. Diese Bilder vermitteln Stimmungen und anschauliche Vorstellungen und gehen zumeist dem sensiblen Zuschauer besonders nahe. Hier tragen die Fernsehanstalten, die Redakteure, die Autoren und die Gesellschaft eine große Verantwortung.

8. Die Depression bei Jugendlichen

Ein sehr häufiges Motiv für Selbstmord ist die Depression. 60 Prozent aller jugendlichen Selbstmörder litten unter Depressionen. Diese Krankheit kann genetisch bedingt sein – die Traurigkeit der Eltern ist durchaus vererbbar. Medizinischen Untersuchungen zufolge beträgt das Erkrankungsrisiko 15 Prozent, wenn ein Elternteil erkrankt ist, sind beide Eltern depressiv, so steigt das Risiko sogar auf 30 Prozent.
16 Prozent der Selbstmorde sind auf eine krankhafte Depression zurückzuführen. Den Betroffenen erscheint alles sinnlos, grau in grau, nichts macht ihnen mehr Freude, jede Anstrengung wird zur Qual. Eine unbeschreibliche innere Traurigkeit und Hoffnungslosigkeit beherrscht diese Menschen. Der Kopf ist leer, selbst alles, was einmal Spaß gemacht hat, wird als Qual empfunden. Die Leidenden können keinen klaren Gedanken mehr fassen, zu jeder Leistung müssen sie sich zwingen. Sie sehen alles durch eine schwarze Brille. Es vergeht kaum ein Tag, an dem sie nicht an Selbstmord denken. Der Tod übt auf sie die Anziehungskraft der Erlösung aus, denn schlimmer als das Leben kann er ihrem Empfinden nach auch nicht sein.
Es gibt aber auch eine heitere, lachende Depression. Den Betroffenen gelingt es, ihr seelisches Elend hinter einer Maske zu verbergen. Sie machen einen fröhlichen, sorglosen Eindruck. Diese Menschen sind besonders gefährdet, da die Umgebung die Gefahr nicht erkennt. Kein Mitschüler, Freund oder Elternteil bemerkt die Veränderung. Die Qualen sind groß, aber die Betroffenen können sich zusammenreißen. Irgendwann halten sie es dann jedoch nicht mehr aus, und sie

nehmen sich das Leben. Wie versteinert stehen die Angehörigen und Freunde dann vor dem Warum.
Bei dieser Krankheit sollte ein guter Psychotherapeut zu Rate gezogen werden. Mit Psychopharmaka und Therapie läßt sich viel erreichen, in zahlreichen Fällen ist sogar eine Heilung möglich. Völlig verfehlt sind dagegen Ratschläge wie Reiß dich doch zusammen oder: Es wird schon wieder werden. Wer unter Depressionen leidet, ist auf therapeutische Hilfe angewiesen.

Ein Fall aus meiner Praxis zeigt, wie groß die Gefahr bei depressiven Menschen ist, daß sie Suizid begehen:

Erika

Erikas Vater war Arzt, ein großer, temperamentvoller, stabiler Mann, der eine eigene Praxis hatte und Mittelpunkt auf allen Gesellschaften war. Erikas Mutter, eine ebenfalls sehr temperamentvolle, korpulente Frau, half ihrem Mann in der Praxis. Sie ergänzten sich in jeder Beziehung, waren ein Herz und eine Seele. Es war selbstverständlich, daß Erikas drei Jahre älterer Bruder Medizin studierte, um später die Praxis zu übernehmen.
Erika war ein stilles, zartes Mädchen, das zu Depressionen neigte. In der Schule zeigte sie keine überdurchschnittlichen Leistungen, aber es reichte doch immer zum Versetztwerden. Sie fiel weder in der Familie noch in der Schule besonders auf, es brauchte sich keiner um sie zu kümmern, und es kümmerte sich auch keiner um sie. Sie verschlang geradezu traurige Bücher und Märchen, vor allem solche, die mit dem Tod zusammenhingen. Meist saß sie in der Ecke, spielte für sich allein und wurde ganz einfach übersehen.
In der Pubertät wurde sie noch stiller. Als Erika mit 15 Jahren einen Selbstmordversuch mit Schlaftabletten verübte, war die Familie völlig entsetzt. Sie wurde morgens besinnungslos in ihrem Bett aufgefunden. Die Eltern redeten und versuchten

vergeblich, den Grund für Erikas Tat herauszufinden. Schießlich wurde der Vorfall einfach als eine pubertäre Laune abgetan. Mit der Zeit verblich die Erinnerung an Erikas Suizidversuch, und alles lief wieder seinen gewohnten Gang. Eine Zeitlang versteckte Erikas Vater noch den Schlüssel vom Medikamentenschrank, aber irgendwann lag er wieder an der gewohnten Stelle. Ein halbes Jahr nach dem ersten Suizidversuch nahm Erika wieder eine Schachtel Schlaftabletten aus dem Medikamentenschrank. Diesmal legte sie sich unter einen Kirschbaum, ihrem Lieblingsplatz weit ab vom Haus. Ein Freundin fand sie zufällig. Sie kam sofort in ein Krankenhaus und überlebte dadurch auch den zweiten Versuch.

Es wurde eine Familientherapie angeraten. Statt sich einsichtig zu zeigen, gingen die Eltern sehr widerwillig zu der Psychologin. Der Vater schimpfte eigentlich nur auf die Seelenklempnerin, wie er sie nannte. Allerdings behüteten sie jetzt ihre Tochter und ließen sie keinen Augenblick mehr aus den Augen. Sie waren in ständiger Unruhe, daß sie sich wieder etwas antun könnte. Erika hatte ihren Eltern versichert, es nie wieder zu tun.

Doch sie hielt sich nicht an dieses Versprechen. Eines Montagmorgens kam ein Anruf aus einem Krankenhaus: Ihre Tochter habe ihr Leben beendet. Sie sprang von einer Eisenbahnbrücke vor einen fahrenden Zug und war sofort tot. Die Eltern glaubten, sie sei zu dieser Zeit in der Schule. Erika hatte ein Tagebuch geschrieben, indem sie den Tod verherrlichte. Sie sehnte sich danach, tot zu sein. Eine Eintragung lautete: »Ich bin zu nichts nutze. Ich schaffe es noch nicht einmal, mir das Leben zu nehmen. Hoffentlich klappt es jetzt. Ich möchte nur sterben. Warum läßt man mich nicht? Ich sehne mich so danach, in diese andere Welt zu kommen. Es zieht mich dahin. Ich möchte endlich tot sein.«

9. Kindererziehung – wer hat erziehen gelernt, bevor die Kinder kamen?

Fehler in der Erziehung sind einer der Hauptgründe, die zu suizidalen Neigungen führen können. Meine Pflegetochter Kirsten etwa wurde aus ihrer alten Umgebung herausgerissen und kam in eine neue Schule. Ihr Klassenlehrer verlangte von ihr, sich vor ihre Mitschüler zu stellen und vom Tod ihrer Eltern zu erzählen. Es war eine sehr quälende Situation. Aus dem neunjährigen Kind war fast nichts herauszubekommen. Völlig aufgelöst kam Kirsten nach Hause und weinte. In diesem Moment habe ich mir geschworen, nie wieder von dem Tod ihrer Eltern zu sprechen, um sie zu schonen. Aber gerade das war ein Fehler: Ich klammerte die wichtigste Vergangenheit einfach aus. Ihre bis dahin wichtigsten Personen in ihrem Leben, ihre Eltern, wurden von einem Tag auf den anderen nicht mehr erwähnt.

Ich glaube, sie hatte auch nicht den Mut, mit mir darüber zu reden – aus Angst, daß ich mich auf ein solches Gespräch nicht einlasse oder mit irgendwelchen Ausreden aus der Affäre ziehe wie etwa: Ich habe jetzt keine Zeit oder: Frag doch deine Großeltern. Mir wäre das Gespräch auch nicht angenehm gewesen, denn ich hätte Gefühle zeigen müssen, und das paßte nicht in meine Erziehung. Warum sich mit etwas belasten, was der Vergangenheit angehört? So dachte ich damals. Vielleicht wollte ich auch, daß dieses Kind den Schock mit der Zeit vergißt. So habe ich den Tod ihrer Eltern weggeschoben. Auch später bei allen Problemen in ihrem weiteren Leben war ich blockiert und konnte nicht darüber reden. Es war nicht so, daß ich nicht darüber sprechen wollte, die Schwierigkeit war, daß ich es nicht konnte.

Das Problem der Erziehung in bezug auf den Suizid greift auch ein Artikel der ›Brigitte‹ vom 29. März 1985 auf:

»Doch schlechte Zensuren und Schulstreß, häufig als Grund gekannt, können zwar Auslöser, niemals aber die alleinige

Ursache eines (versuchten) Selbstmordes sein. In der Zurücksetzung und Vernachlässigung eines Kindes oder eines Jugendlichen in der Familie oder unter Gleichaltrigen und in der Verunsicherung durch gestörte Familienverhältnisse sind in der Regel die wahren Ursachen zu suchen. Während der Pubertät kommen Krisen bei der Ablösung von Eltern hinzu, unglückliche Lieben, Sexualkonflikte, später auch neurotische Erkrankungen, Depressionen und Drogenprobleme.

Sophie Hackmann erläutert: ›Die Selbstmordgefährdung ist abhängig davon, wie groß das Fehlverhalten der Erzieher war. Mißtrauen, ständige Kritik, Strafen und angstfördernde Erziehung, aber auch unangemessene Leistungserwartung und mangelndes Verständnis. Mindestens einer dieser Faktoren ist bei allen betroffenen Kindern und Jugendlichen für die versuchte Selbsttötung entscheidend. Wer wollte den Eltern einen Vorwurf machen? Wer hat denn Erziehen gelernt, bevor die Kinder kamen? Wer kann im täglichen Alltagsstreß immer gleichbleibend freundlich und ruhig bleiben? Und vor allem, kein Mensch kann mehr Liebe geben als er oder sie selbst empfangen hat oder empfängt.‹«

Doch all die hehren Erziehungsvorsätze mögen oft an der Realität zerschellen. Der Alltag der Erziehung ist voll von täglichen Fallstricken. Wenn viele Eltern sich auch wirklich ernsthaft um eine gelungene Erziehung bemühen, so sind es doch oft ihre kleinen unbewußten Unachtsamkeiten, die für das Kind verhehrende Auswirkungen haben können. Das gilt auch für mein Verhalten gegenüber meiner Pflegetochter.

Kirsten war für mich ein ungewolltes Kind. Sie kam plötzlich und nicht eingeplant. Trotzdem fühlte ich tiefes Mitleid mit diesem Waisenkind. Ich hatte sie angenommen, doch an wirklich einfühlsamer Liebe fehlte es leider. Sie buhlte um meine Liebe und mußte dabei gegen eine leibliche Schwester und zwei Cousinen und einen Cousin ankämpfen. Um Aufmerksamkeit und Liebe zu bekommen, schenkte sie mir zum

Muttertag ein wunderschönes Nageletui. Es war vorher mal wieder zu einem Streit gekommen, aus einer nichtigen Angelegenheit heraus. Sie hatte eine Schere benutzt und sie nicht wieder an ihren Platz zurückgelegt. Ich war fassungslos und voller Freude, als ich dieses Geschenk in der Hand hielt, spürte aber, daß etwas nicht ganz in Ordnung war.
Kirsten hatte mehrere Gegenstände gestohlen und war dabei erwischt worden. Sie hatte bereits alles wieder zurückgegeben bis auf das Nageletui, dessen Verlust dem Ladenbesitzer nicht aufgefallen war. Ich konnte nur heulen und begriff, wie dieses Kind gelitten haben mußte. Groß war ihre Angst vor meiner Reaktion und ihrer Blamage. Gottlob war es nur ein kleiner Zwischenfall, und es kam zu keinem Gerichtsverfahren. Dieses Kind konnte nun endlich einmal etwas schenken, was schöner und teurer war als die Geschenke ihrer Mitstreiterinnen, und wieder ging etwas schief.
Eine wirklich einfühlsame Erziehung wird mit geradezu hundertprozentiger Sicherheit gar keine suizidale Neigungen bei Kindern entstehen lassen. Jedes Kind verfügt von der Geburt an über vitale Gefühle und Bedürfnisse: Hunger, Verlustangst, Unlust, Schmerzen, Schlaf und Wachen. Zum Leben und Wachsen braucht es einen Menschen, dem es völlig vertrauen kann, dem es dabei aber auch völlig ausgeliefert ist. Dies ist in den meisten Fällen die Mutter. Somit bilden diese beiden Menschen eine Gruppe, die sogenannte Mutter-Kind-Gruppe. Diese kleine Gruppe hat eine große Bedeutung für das Wohlergeben und für die seelische Entwicklung des Kindes. Diese Zweiergruppe ist aber auch häufig von der Einstellung des Vaters, der Geschwister, der Großeltern und anderer Bezugspersonen abhängig.
Das Gefühl der Sicherheit, die der Mensch in der ersten Phase seines Lebens mitbekommt, ist bestimmend für sein ganzes Leben. Kommt es hier zu Fehlentwicklungen, kann darin die Basis für eine psychische Labilität liegen, die später durchaus einmal zu einer Selbstmordneigung führen kann. Allerdings

muß sich auch die Mutter vom Säugling abgrenzen. Sie muß in der Lage sein, sich wie ein Kind zu fühlen, ohne sich von der Erwachsenenwelt zu entfremden. Sie sollte sich in das Kind hineinversetzen können. Dieses ist lebenswichtig für das Kind.

Der Säugling entwickelt durch die Mutterfigur die erste Beziehung zu anderen Menschen. Er wächst körperlich und psychisch an der Mutter. Er verleibt sich die Mutter ein (Introjektion). Spannung, seelische Entfremdung der Eltern, Lieblosigkeit werden dem Kind von Anfang an mitgeteilt und machen sich negativ im Hinblick auf seine Entwicklung bemerkbar. Konflikte zwischen Mutter und Vater, zwischen den Eltern und Kindern oder den Kindern untereinander können dazu führen, daß ein Kind in seiner psychischen Konstitution beeinträchtigt wird.

Von einer symbiotischen Verbundenheit wird gesprochen, wenn Mutter und Kind eine Einheit sind, etwa durch das Stillen. Ist der Säugling etwas älter, so kommen positive Gefühle dazu, wie Geborgenheit, Wärme, Lachen, Licht. Sie machen die Mutterliebe aus. Es kommt aber auch zu Unwohlsein, Ärger und Zorn, also zu negativen Gefühlen. Am Ende des ersten Lebensjahres beginnt das Kind, sich mit der Realität der Außenwelt auseinanderzusetzen. Vorher existiert diese für den Säugling noch nicht. Der Lernprozeß des Kindes beginnt. Es identifiziert sich mit der Gestik der Mutter oder umgekehrt. Denn auch die Erwachsenen ahmen ständig Worte und Gesten des Kindes nach, wenn sie sich mit ihm befassen.

Hier wird eine Brücke gebildet zwischen Mutter, Vater, Geschwistern und Freunden. Es findet auch hier eine Identifikation statt wie bei der stillenden Mutter. Diese spiegelähnlichen Gesten der Erwachsenen haben einen großen Einfluß auf die persönliche Entfaltung des Kindes. Später werden sie oft beim Spielen wiedergegeben, vor allem, wenn die Kinder allein sind. Die nachgeahmten Handlungen sind im Gedächtnis eingeprägt. Je älter das Kind wird, desto mehr wird es mit

Verboten überhäuft. Das Krabbelalter beginnt, und das Kind erforscht die Umwelt mit Betasten, Anfassen und Begreifen. Die Wachsamkeit und Besorgnis der Mutter steigt und findet ihren Ausdruck in eindeutig verbietenden Gesten und Worten.

Das Kind muß sich immer mehr mit Verboten auseinandersetzen, Drohungen mit dem Finger, Schütteln mit dem Kopf, Wegnehmen von Gegenständen. Nein, das darfst du nicht, du bist böse, du bist nicht lieb, nicht artig, du bist garstig, manchmal kommen noch Schläge auf die Finger dazu (hoffentlich nur auf die Finger). Das ständig wiederholte Nein kann bei dem Kind ein Unbehagen hervorrufen, das früher oder später zu einem Gefühl des Versagens führen kann. Aber es führt auch zu aktiven aggressiven Impulsen, die nicht unterdrückt werden dürfen. Die Trotzphase beginnt dann, wenn das Kind auf dem Wege der Identifikation gelernt hat, das Nein seiner Mutter zu seinem eigenen Nein zu verwandeln. Es muß gegen seine Mutter das Nein gebrauchen. Damit beginnt das Nein mit dem eigenen Ich. Ich bin, ich will, ich will nicht, ja und nein. Die Erziehung der Eltern liegt darin, daß Verbote angenommen werden können, aber auch dagegen getrotzt werden darf.

Das Kind sucht die Liebe der Eltern, will sich aber auch gegen die Verbote wehren, also die Liebe der Eltern auf die Probe stellen. In der nächsten Entwicklungsphase wird dem Kind bewußt, daß es die Liebe teilen muß. Das gesunde Kind löst das Problem, indem es seine Identifikation mit dem gleichgeschlechtlichen Elternteil entwickelt. Das Mädchen möchte so werden wie die Mutter, der Junge wie der Vater. Zu einer gefährlichen Krise kann es kommen, wenn aus der Identifikation mit einem Elternteil bei dem Bruder oder der Schwester ein Gefühl des Neides, des Hasses und der Rivalität entsteht.

Ein Problem für sehr viele Kinder ist auch, daß ihre Eltern mit ihnen einen übergroßen Ehrgeiz entwickeln. Häufig handelt es sich dabei um Menschen, die selbst sehr karrierefixiert sind, oder um Personen, die ihre Berufsziele auf ihre Kinder projizieren, weil sie sie selbst nicht realisieren konnten. Die Folgen für die Kinder sind Streß, ein Gefühl der Unzulänglichkeit und ein Mangel an Zuneigung von den wichtigsten Bezugspersonen. Der Bielefelder Kindheits- und Jugendforscher Klaus Hurrelmann sieht in den stark beschäftigten und ehrgeizigen Eltern auch den Hauptgrund dafür, daß nach seinen Schätzungen zehn bis fünfzehn Prozent der deutschen Kinder unter psychischen Störungen und sogar 40 Prozent unter psychosomatischen Störungen wie Nervosität, Unruhe, Magenbeschwerden und Schlafstörungen leiden. Potenzieren sich diese Faktoren mit anderen negativen Erlebnissen, kann es leicht zu Selbstmordgedanken kommen.

Die Bedeutung von Elternhaus und Erziehung wird auch an einem weiteren Selbstmordfall aus meiner Praxis deutlich:

Tim

Im Hause von Tim dreht sich das ganze Leben um das Auto. Der Vater war Auto-besessen. Er wollte immer größere, immer schnellere und immer teuerere Modelle. Das Auto war für ihn Statussymbol und Liebesobjekt zugleich, und fast jedes Gespräch drehte sich um Auto und Geld. Tim machte mit 18 Jahren den Führerschein. Das Geld sparte er sich von seinem Lehrlingsgehalt. Mit dem Auto seines Vaters durfte er nicht fahren, er durfte es nur bewundern. Es war streng verboten für die ganze Familie. Als seine Eltern mit einem Kegelclub über das Wochenende verreist waren, konnte Tim der Versuchung nicht widerstehen, und er machte einen kleine Spritztour mit dem Wagen. Es war Glatteis, und so kam es, wie es kommen mußte: Tim setzte das Auto gegen eine Mauer. Totalschaden.

Tim ging nach Hause und erhängte sich auf dem Boden des Elternhauses. Die Eltern fanden einen Zettel auf dem nur stand: »Es tut mir leid, verzeiht mir.« Die Mutter kam zu mir in die Therapie und trennte sich dann von Tims Vater, ihrem Mann. Sie begriff, welchen Stellenwert das Auto für ihren Mann besaß. Es war ihm wichtiger als die Kinder oder sie. Daran würde auch der so sinnlose Tod ihres Sohnes nichts ändern.

10. Welche Rolle spielen Eltern und Geschwister bei der Entwicklung des Kindes?

Dieses Kapitel ist eng mit dem vorhergehenden verknüpft, soll allerdings weniger die Beziehung Eltern – Kind als vielmehr die Situation zwischen den Eltern bzw. unter den Geschwistern beleuchten.
Die Lage von Kirsten verschlimmerte sich, als ihre Schwester als unsere zweite Pflegetochter zu uns kam. Mit einem Schlag verlor Kirsten nun auch noch das wenige an Zuneigung und Aufmerksamkeit, was sie bekommen hatte. Ihre Schwester konnte alles besser, war der Liebling der Großeltern und brachte auch mir Offenheit, Vertrauen und Zuneigung entgegen. Sie hatte in kurzer Zeit alle Sympathien auf ihrer Seite. Sie war so etwas wie ein Sonnenschein, strahlend, lachend und unwahrscheinlich liebenswert, außerdem eine gute Schülerin und Sportlerin. Kirsten kam sich auf einmal unwichtig vor. Sie muß das Gefühl gehabt haben, überflüssig zu sein, und dürfte ihre Schwester wohl gehaßt haben. Dieses äußerte sich in häufigen Wutausbrüchen. Leider fiel dann auch die Zurechtweisung ungerecht aus. Die Schuld wurde Kirsten zugeschoben. Das Leid ging weiter.
Wie oben bereits beschrieben, ermöglicht die Zweiergruppe Mutter – Kind dem jungen Menschen die Anpassung an die Gesellschaft und den Umgang mit anderen Familienmitgliedern. Kann ein Kind den Anforderungen der Gesellschaft nicht genügen, sei es etwa durch Schwierigkeiten im Kindergarten oder durch Lernstörungen in der Schule, so sind es

meist die Familienverhältnisse, die diese Schwierigkeiten verursachen. Wir wissen, daß Vater und Mutter als Paar oder als einzelne Personen für die Störung des Kindes verantwortlich sind. Was genau in der Entwicklung falsch gelaufen ist, läßt sich meist nur schwer nachvollziehen. Hat ein Kind einen jüngeren Bruder und Schwester, so sieht es darin häufig einen Rivalen, den es manchmal sogar aus Eifersucht umbringen möchte. Dieses Kind muß mit der Liebe und Hilfe seiner Mutter lernen, auf seine Haßgefühle zu verzichten und das Geschwisterchen anzunehmen.

Fragt die Mutter ihren dreijährigen Sohn, ob er lieber ein Brüderchen oder Schwesterchen haben möchte, bekommt sie oft die Antwort, am besten sei ein Fußball. Das neue Geschwisterchen wird oft als bedrohlicher Eindringling, als Konkurrent erlebt. Seine Hilflosigkeit zusammen mit seiner Winzigkeit mildern jedoch meist Haß und Unmut der älteren Geschwister. Dem Thema der Geschwisterrivalität begegnen wir oft im Alten Testament. Kain erschlug Abel. Der Haß führte zum Brudermord, da der Vater den einen Sohn bevorzugte. Wenn auch bei Jakob und Esau oder Joseph und seinen Brüdern nicht gemordet wurde, so zeigen diese Gleichnisse doch den abgrundtiefen Haß zwischen Brüdern.

Die Grundthematik ist die Rivalität von Geschwistern um die Zuwendung der Eltern. So beginnt das Leben der Geschwistergemeinschaft mit Eifersucht, Neid, Konkurrenz und Rivalität, selten mit Liebe und Verbundenheit. Die Eltern müssen den Grundkonflikt der Kinder akzeptieren. Der lautet in etwa folgendermaßen: Wir sind Geschwister und gehören irgendwie zusammen. Wir sind Gegner und sogar manchmal Feinde. Unsere Interessen sind gegeneinander gerichtet, und wir kämpfen mit allen Mitteln um die Gunst der Eltern. – Nur wenn es gelingt, daß sich die Kinder diesem Konflikt stellen und in den Geschwistern den Rivalen erleben, mit ihm umgehen und ihre Kraft messen können, können sie sie auch annehmen und gern haben.

Zank unter Geschwistern ist etwas völlig Normales und muß auch gegen die Eltern gerichtet sein. Nur so fühlen sich die Geschwister nicht als Konkurrenten, sondern als Kameraden, und die Solidarität wächst. Es ist eine Illusion, Geschwisterliebe als selbstverständlich zu betrachten und sie an den Anfang zu stellen. Sie muß wachsen und setzt das Verständnis der Eltern voraus.

Von großer Bedeutung ist auch die Ehe der Eltern. Ist sie harmonisch, wachsen die jungen Menschen in eine intakte Welt hinein – ihr Mikrokosmos ist heil und lebensbejahend. Dieses Gefühl kann sie ihr ganzes weiteres Leben lang prägen. Ist die Ehe jedoch ein täglicher Kampf, fühlt sich das Kind nicht nur an den Rand gedrängt, sondern kann unter Umständen auch ein sehr negatives Bild vom Leben bekommen. Nicht selten liegt hier ein Grund für Selbstmordgedanken.

Im Fall unserer Pflegetochter Kirsten etwa spielte unsere schlechte Ehe eine entscheidende Rolle. Nicht etwa, daß Kirsten der Spielball unserer Streitereien war – dazu waren Erziehungsprobleme meinem Mann nicht wichtig genug. Doch hörte sie immer wieder unsere Streitereien. Ich konnte mich nicht beherrschen, wenn mein Mann mich verletzte, wenn ich um jede Kleinigkeit kämpfen mußte. Er neigte zu Wutanfällen, und da ich nicht einfach ruhig sein konnte, kam es oft zu furchtbaren Szenen.

Kirsten war ein empfindliches Kind und litt sehr darunter. Sie hatte ständig Angst, in ein Heim geschickt zu werden. Immer wieder hatte sie die Märchen gelesen, in denen Waisenkinder vorkamen, die ausgesetzt wurden. So hatte sie oft das Gefühl einer grenzenlosen Verlassenheit. Auch wirkte es sich nicht gerade positiv auf die Erziehung der Kinder aus, daß ich in dieser Ehe genug mit mir selbst zu tun hatte und jedesmal von neuem mein Selbstgefühl wiederfinden mußte. Immer wieder versuchte ich, Harmonie zu schaffen, um die Verbindung zu den Kindern aufrechtzuerhalten. Ich habe Entschuldigungen und Ausreden gefunden, wie etwa: woanders ist es auch nicht besser. Ganz fest nahm ich mir vor, das nächste Mal würde es keinen Streit mehr geben, ich würde ruhig aus dem Zimmer gehen und Verletzungen nicht mehr an mich herankommen lassen. Leider ist mir das nie gelungen.

Es läßt sich sicherlich keine allgemein zutreffende Aussage darüber machen, ob es für die Kinder besser ist, in einer schlechten Ehe oder mit geschiedenen Eltern aufzuwachsen. Das ist von Fall zu Fall verschieden. Doch es spricht einiges dafür, daß in Fällen von besonders schlechten Ehen der klare Schlußstrich durch eine Scheidung für die Kinder die bessere Lösung ist. Das gilt allerdings vor allem für Kinder, die schon etwas älter sind. Sicher ist jedoch, daß im Moment der Scheidung das Kind besonders stark leidet. Den Verlust eines Elternteils erlebt es als Schmerz und Trauer.

So beschreibt Leona Siebenschön in ihrem Buch ›Im Kreidekreis‹ die Empfindungen eines Kindes, dessen Eltern sich scheiden lassen:

- »Ein bewußtes Gefühl der grenzenlosen Verlassenheit.
- Den Konflikt geteilter Loyalität zwischen den Eltern.
- Ein abrupter Abbruch gewohnter Triebbefriedigungen.
- Das soziale Stigma in einer verständnislosen Umwelt.«

Es gelten als häufigste Störungssymptome bei den Kindern nach einer Scheidung der Eltern:

Im Vorschulalter:

- Erhöhte Ängstlichkeit.
- Erziehungsschwierigkeiten wie Trotz, Aufsässigkeit, Schlafstörungen, Nachtwandeln, Bettnässen, Verdauungsbeschwerden, Rückentwicklung.

Im Schulalter:

- Erhöhte Agression, Haß, Rachegelüste, zunehmende Verunsicherungen, Angst, Schulversagen, Anzeichen von Verwahrlosung, Lügen, Stehlen, Ausreißen, psychosomatische Beschwerden.

Im Nachschulalter:

- Verschärfte pubertäre Reaktion, Depression, Aufsässigkeit, besonders gefährdet für Verführung, Sucht, Kriminalität, soziale Schwierigkeiten in Beruf und Gemeinschaft, Selbstmordabsichten.

Das Elend der betroffenen Kinder nimmt noch zu, wenn sie nach der Trennung zum Streitobjekt zwischen den Elternteilen werden. Häufig fallen die Kinder dann in Gewohnheiten zurück, aus denen sie sich schon lange entwachsen glaubten: Sie werden agressiv, Freundschaften gehen in die Brüche, Eifersucht auf die Geschwister und ständiger Streit sind an der Tagesordnung. Sie wollen auf keinen Fall allein sein, wollen wieder behütet und umsorgt werden. Aus Angst, die Mutter zu verlieren, suchen sie wieder Geborgenheit im mütterlichen Bett. Je größer die Liebe zu beiden Elternteilen war, desto tiefer ist die Verzweiflung der Kinder bei einer Trennung. In diesen Momenten benötigt das Kind besonders viel Zuwendung und Aufmerksamkeit.
Wie wichtig die Mutter für ein Kind ist, kommt auch durch die Bedeutung des Mütterlichen in der Mythologie zum Ausdruck. Viele Märchen handeln von den bösen Stiefmüttern und den armen Stiefkindern: Aschenputtel, Schneewittchen, Brüderchen und Schwesterchen und Hänsel und Gretel sind nur einige Beispiele. Die Stiefmutter will die Kinder vergiften, schlagen oder verhungern lassen. Für die leibliche Mutter gibt es keinen gleichwertigen Ersatz. Das Kind bildet nach der Geburt mit der Mutter eine Mutter-Kind-Gruppe, und somit ist die Mutter die erste große Liebe des Kindes. Sie ist durch nichts zu ersetzen. So ist auch zu erklären, daß Kinder in der Regel für die Mutter mehr Zuneigung empfinden als für den Vater. Kommt es zur Scheidung, sind damit häufig Verlustängste um die geliebte Person verbunden.
Ein weiterer sehr wichtiger Faktor für das kindliche Wohlbefinden ist die Tatsache, ob die Eltern, insbesondere die Mut-

ter, das Kind gewollt haben. Psychologische Studien lassen heute keinen Zweifel mehr daran, das unerwünschte Kinder mit einer deutlich negativeren psychischen Konstitution ins Leben starten als gewünschte Kinder. Ungewollte Kinder erhalten vom Lebensbeginn an weniger Aufmerksamkeit und Zuneigung von der Mutter als gewollte Kinder, ihr materielles Umfeld ist weniger gesichert, ihre Schulnoten sind im Durchschnitt schlechter, und sie bewerten im Alter zwischen 21 und 23 Jahren ihr Leben viel seltener als generell positiv als gleichaltrige gewollte Kinder. Auch haben sie viel häufiger Partnerschaftsprobleme. Kommt dieser Faktor also noch zu anderen Faktoren dazu, so kann sich eine Selbstmordneigung ausbilden.

Zu der Bedeutung des Elternhauses zwei Fallbeispiele:

Peter

Beide Eltern von Peter waren genauso wie Generationen vor ihnen Akademiker. Seine beiden Brüder hatten spielend das Abitur bestanden und gleich ein Studienplatz bekommen. Peter hingegen mußte zweimal eine Klasse wiederholen und schaffte es mehr schlecht als recht bis zur 13. Klasse, bestand aber das Abitur nicht. Da die Eltern fest damit rechneten, daß er das Abitur schaffen würde, verschwieg Peter, daß er mal wieder versagt hatte und seine Eltern enttäuschen mußte.
Die Belohnung stand schon vor der Tür, ein Surfbrett. Er nahm sich immer wieder vor, die Wahrheit zu sagen, brachte es aber nicht über sich. Drei Tage vor der Reifezeugnisvergabe standen die Abiturienten in der Tageszeitung, natürlich war sein Name nicht aufgeführt. Er legte dem Vater die Zeitung auf den Schreibtisch und schrieb an den Rand: »Ich bin ein Versager«. Anschließend fuhr er mit dem Auto in den Wald und nahm sich mit Hilfe eines Fahrradschlauches, den er am Auspuff befestigte, um die Abgase in das Wageninnere zu leiten, das Leben.

Thorsten
Ein Tag vor der Abiturfeier nahm sich Thorsten mit einer Kapsel Zyankali das Leben. Er hinterließ eine Verfügung, in dem stand, daß er seine Bücher, Computer und Mikroskop der Schule vermache. Thorsten war ein verschlossener Junge, der nicht besonders beliebt, aber auch nicht unbeliebt war. Er fand bei seinen Mitschülern wenig Beachtung. Freunde hatte er keine, und fragte man in seinen Kursen nach, so fiel er nur durch gute Klassenarbeiten auf. Seine Abiturnote war sehr gut.
Die Lehrer kannten ihn allerdings besser als seine Klassenkameraden. Jede freie Minute verbrachte er in der Schule, seine Nachmittage in der Schulbücherei, half dem Hausmeister und verrichtete Arbeiten für das Schulsekretäriat. Er fand in der Schule sein Zuhause. Er fühlte sich geborgen und aufgehoben. Nach dem Abitur war die Angst so groß vor dem Leben außerhalb der Schule. Sein Elternhaus hatte ihm keine Wärme gegeben. Er war das einzige ungewollte Kind älterer Eltern, Vater und Mutter waren berufstätig. Sie redeten kaum miteinander und mit ihrem Sohn fast gar nicht. Jeder ging seine eigenen Wege. Es herrschte eine Gleichgültigkeit dem anderen gegenüber, die keine Zugehörigkeit oder gar Geborgenheit aufkommen ließen. Was Thorsten im Elternhaus vermißt hatte, fand er in der Schule. Mit dem Ausscheiden aus der gewohnten schulischen Umgebung war für ihn mit soviel Angst verbunden, daß er glaubte, sie nicht bewältigen zu können, und er den Tod als einzigen Ausweg sah.

11. Tötet die Schule unsere Kinder?

Den Großteil ihrer Kindheit und Jugend verbringen die Menschen heutzutage in der Schule. Sie ist neben der Familie die wichtigste Institution für die Heranwachsenden. Daraus erwächst ihr eine doppelte Bedeutung für die Suizidthematik:

Sie kann zum einen die Probleme erst schaffen, die junge Menschen in den Selbstmord treiben, zum anderen kann sie aber auch für Jugendliche mit Familienproblemen stabilisierend wirken, wie in dem soeben beschriebenen Fallbeispiel.

Vor allem durch die zunehmende Auflösung der traditionellen Familie in unserer Gesellschaft gewinnt die Schule immer mehr an Bedeutung für die Erziehung und charakterliche Prägung der Heranwachsenden. Dennoch dürfen nicht zu hohe Erwartungen an diese Einrichtung gestellt werden. Die Schule ist primär zur Wissensvermittlung und erst sekundär zur Erziehung und psychischen Betreuung da. Dies sollte allerdings auf der anderen Seite nicht in eine vollkommene Gleichgültigkeit der Lehrer gegenüber den seelischen Problemen der Schüler umschlagen. Unbestritten ist, daß in vielen Einzelfällen die Schule mehr für das psychische Wohlbefinden der Kinder und Jugendlichen tun könnte, als dies bisher der Fall ist.

Im Fall meiner Pflegetochter habe ich von der Schule praktisch keinerlei Unterstützung bekommen. Mir wurde noch nicht einmal mitgeteilt, daß Kirsten häufig nicht in der Schule erschien. Als sie dann von zu Hause weglief, habe ich mit ihrem Klassenlehrer gesprochen. Seine Antwort bestand aus einem Achselzucken und dem Hinweis, ich solle die Angelegenheit nicht so tragisch nehmen. Sie kämen alle wieder, und Kirsten sei da sicherlich kein Ausnahmefall. Er gab mir noch den Rat, sie auf eine andere Schule zu schicken, da ihre Leistungen miserabel seien.

Ich fühlte mich als Versagerin, und das wohl zurecht. Ich wollte, daß Kirsten ihr Abitur macht. Als sie sitzenblieb, trug ich es mit Fassung und redete mir ein, daß dies ja eigentlich »normal« sei: Der Tod der Eltern, der Schulwechsel und die neue Umgebung waren ganz einfach zu viel auf einmal gewesen. Doch mit ihrem Weglaufen hatte sie mir und der Schule den Rücken zugekehrt. Sie hatte nicht an die Zukunft, an Beruf, Erfolg und all jene Phrasen geglaubt, mit denen ich sie unter Druck gesetzt hatte. Sie hatte vielmehr ganz klar zum Ausdruck gebracht: Ich habe keine Lust mehr, ich haue ab. Das tat weh. In schlaflosen Nächten und nicht endenwollendem Grübeln sorgte ich mich um das gerade 15jährige Kind. Aber es schmerzte auch, versagt zu haben. Mein Ehrgeiz war nicht befriedigt. Ich hatte durch Krieg und Flucht kein Abitur machen können und mußte mir später mühsam alles erarbeiten. Ihr hatte ich alles ermöglicht, und sie dankte es mir mit Weglaufen. So dachte ich damals. Heute sehe ich es anders: Äußerer Wohlstand ist eben nicht alles.

Viele der Heranwachsenden leiden unter unseren Mammutschulen mit ihrer oft brutalen Architektur, den zu großen Klassen und der Anonymität des Kurssystems. Diese Betonklötze, die fast keine Wärme, Geborgenheit, Fröhlichkeit oder gar Zugehörigkeit aufkommen lassen, wirken aggressiv und depressionsfördernd. Es kommt zu Vandalismus: Bänke und Tische werden zerstört, Graffitis an die Wände gesprüht, Toiletten beschädigt.

Hinzu kommt das Eingesperrtsein in diese Betonklötze. Und die Tatsache, daß für nicht wenige Lehrer ihre Tätigkeit nicht mehr als ein Job ist. Wenn man bedenkt, daß fast 35 Prozent aller Kinder bei einem alleinerziehenden Elternteil leben und am Nachmittag vielfach sich selbst überlassen sind, darf die Aufgabe der Schule sich nicht auf die Schulstunden beschränken. Um sich besser mit der Schule identifizieren zu können, sollten im außerschulischen Bereich mehr Aktivitäten angeboten werden wie etwa Sportgruppen, Chor, Theatergruppen oder Schulorchester, Hausaufgabenbetreuung und ein verstärktes Angebot an Arbeitsgemeinschaften. Nicht zuletzt kann auch das gemeinsame Mittagessen die Schüler stärker an ihre Schule binden. Auch Eigenverantwortung für den Schulablauf und das Wir-Gefühl müssen gestärkt werden. Die Schule kann zwar nicht alles reparieren, was in der Gesellschaft und im Elternhaus schiefläuft, aber sie kann durchaus ein verläßlicher Partner sein.

Dazu ein Ausschnitt aus einem Artikel der ›Welt‹ vom 9. April 1984:

»In der Öffentlichkeit werden Rufe nach Humanisierung unserer Schule und nach Abbau von Schulstreß, Leistungsdruck laut. Die Abschaffung von Noten und Zeugnissen wird in die Wege geleitet. Die Kultusminister hören Appelle, sie möchten Sorge tragen, daß die Schulen nicht als Krisenherd der Gesellschaft und Massengrab unserer Kinder in Verruf geraten.

Nach übereinstimmender Ansicht von Pädagogen, Soziologen, Psychologen, Ärzten und Geistlichen verursacht jedoch nicht die Institution Schule diese Tragödie. Die Wissenschaftler haben Lebensangst, Vereinsamung, Isolierung, Liebeskummer, Familienzerrüttung als Hauptursache des Beschlusses ermittelt, aus dieser Welt in eine andere zu fliehen, allerdings auch das Versagen in der Schule und beim Sport.

Kurt Singer, Dozent für Schulpädagogik an der Universität München, erkannte schon vor Jahren, daß die Schule an den Verzweiflungstaten junger Menschen durch unablässige Überforderung und unpädagogische Noten, das Nichtversetzen sowie angstmachende Beziehungsferne zum Schüler mit verantwortlich sei. Das Stichwort heißt Anonymität. Tatsächlich haben Kurssystem und Größen vieler Schulen für Schülerinnen und Schüler Gefahren heraufbeschworen, die in der Enge der Überfüllung früherer Schulen und Klassen unbekannt waren. Immer mehr wird über die Beziehungslosigkeit zwischen Lehrer und Schülern geklagt, die Verlorenheit und die Anonymität des Einzelnen angeprangert.

Insbesondere das sogenannte Kurssystem scheint problemträchtig. Die Zusammensetzung des Schülerkollektivs wechselt von Stunde zu Stunde. Freundschaften und Kameradschaften kommen zwischen Schülerinnen und Schüler zu kurz. Ein Mitschüler hat den Jungen nicht gekannt, der sein Leben beendet hatte, obwohl er mit diesem ein halbes Jahr lang im gleichen Klassenzimmer gesessen und die gleichen

Aufgaben und Probleme gehabt hat. Das Kurssystem hat nach Ansicht von Kritikern auch den Nachteil, daß an den Gesamtschulen eine Zweiklassenschülerschaft entsteht. Die Schüler aus den E-Kursen (Erweiterungskursen) blicken auf jene der G-Kurse (Grundkurse) herunter. Wo ursprünglich die Absicht bestand, mehr Gerechtigkeit zu schaffen, ist jetzt statt mehr miteinander, mehr gegeneinander festzustellen, sagt ein Kritiker.

Zahlreich sind beispielsweise an Ganztags-Gesamtschulen Sprößlinge aus Familien, in denen der Vater Karriere macht und die Mutter sich selbst verwirklichen muß, so daß Sohn und Tochter der Schule überlassen und ihre Erziehung der Schule aufgebürdet werden. Die Schule aber ist dabei überfordert. Sie kann nicht übernehmen, was im Elternhaus unterbleibt und versäumt wird. Die Konsequenzen sind folgenschwer. Die Kinder fühlen sich alleingelassen, die Erziehung wird vernachlässigt, die Bindungen zum Elternhaus lockern sich, Entfremdung tritt an Stelle von Geborgenheit, Vermassung ersetzt Individualität, die Zahl von Problemschülern steigt. Die Zahl der sogenannten Problemschüler schlägt sich seit Jahren auch im Stellenplan unserer Großschulen nieder. An einer nordrhein-westfälischen Gesamtschule mit 1800 Schülern und 150 Lehrern arbeiten beispielsweise mehr Schulpsychologen und Sozialhelfer als Musiklehrer.

In Frankfurt gilt es sogar als fortschrittlich, wenn Eltern sagen können, daß sie ihre Kinder der Obhut eines Schulpsychologen anvertraut haben. Die Zahl von Schülerinnen und Schüler, die den Schulpsychologen vorgestellt werden, steigt seit Jahren ständig an. Sie wird von Fachleuten auf das acht- bis zehnfache der Fälle zu Beginn der 70er Jahre geschätzt und dies, obwohl sich manche Lehrerinnen und Lehrer dagegen sträuben, mit einem Schüler den Weg zum Seelendoktor anzutreten. Aussichtsreicher ist es, sich als Lehrer und vertraute Bezugsperson mit dem Problem Schüler zu beschäftigen, sagt ein erfahrener Pädagoge. Wenn aber erst einmal die

Lehrerkonferenz von dem Problemfall Wind bekommen hat, ist eine individuelle Behandlung des Falles unmöglich. Da werden dann sofort die sozialen Errungenschaften des Staates und seine familienergänzenden Familieneinrichtungen gepriesen und der jugendliche Problemfall ihm überantwortet. Ich muß an meinen Sohn denken. Er wurde mit etwa sechs Jahren gefragt, was er werden wolle, und er sagte: Ich ›studiere‹ Tischler. Für mich war es klar, daß mein Sohn studierte, und er stand damals schon unter Leistungsdruck.«

Neben der Schule üben vor allem Familien und Öffentlichkeit Einfluß auf die Schüler aus. Wenn ein Schüler in der Familie Probleme hat, sich dagegen aber in der Schule geborgen und anerkannt fühlt, ist die Gefährdung klein. Wenn aber zu den Schwierigkeiten in der Familie noch Probleme in der Schule kommen, wird die Gefahr groß. Diese Heranwachsenden bedürfen besonderer Hilfe. Sie müssen in der Schule aufgefangen werden, wenn die Familie versagt. Eltern, Schule und Umfeld eines jungen Menschen müssen sich gemeinsam ihrer Verantwortung bewußt werden. Mit Schuldzuweisungen allein kommt man nicht weiter.

Freud hat schon 1910 gesagt: »Die Schule soll aber mehr leisten, als daß sie die jungen Leute zum Selbstmord treibt. Sie soll ihnen Lust zum Leben machen und ihnen Stütze und Anhalt bieten in einer Lebenszeit, da sie durch die Bedingungen ihrer Entwicklung genötigt werden, ihren Zusammenhang mit dem elterlichen Haus und ihrer Familie zu lockern.«

Kinder lernen bekanntlich für den Lehrer. Sie vertrauen ihm, und oft bekommt gerade der Lehrer, Erzieher oder Ausbilder die Rolle der Vertrauensperson. Lernen ist oft der Weg zum Vertrauen zu einem bestimmten Menschen. Hier stellt sich die Frage, ob die Schule, der Lehrer, die Schulleitung etwas tun können, um dem Selbstmord von Schülern vorzubeugen. Die Schule muß für den Schüler zu einem sinnvollen Erlebnis- und Erfahrungsfeld werden. Im Mittelpunkt der Entwicklung des Schülers muß ein gutes Verhältnis zum Lehrer stehen. Dieser muß Vorbild sein und sich den Schülern zuwenden. Sie brauchen Lehrer, die sich auch den persönlichen Schwierigkeiten ihrer Schüler und nicht nur deren Lern- und Leistungsproblemen widmen und darauf pädagogisch angemessen reagieren können. Dazu gehört auch Ermutigung statt Entmutigung.

Jede Schulklasse stellt das Urbild einer Gruppe dar. Hier kann die Schule das nachholen, was die Kinder in der Kind-Eltern-Gruppe nicht erfahren haben, und diesen Kindern ein Stück Geborgenheit geben. Wichtig ist, daß der Lehrer eventuelle Verhaltensänderungen der Schüler bemerkt und auch den Mut hat, nach den Ursachen zu forschen. Das bedeutet, daß die Eltern bei der Lösung des Problems mit in das Schulgeschehen einbezogen werden. Der Leistungsdruck ließe sich auch abbauen mit mehr Stunden für die Fächer Kunst, Musik und Sport. Kopf- und Handarbeit sollten gleichermaßen berücksichtigt werden.

Lernen, das motiviert und prägt, geschieht meist durch Selbstentdecken und Selbstaneignen. Anstelle von Dozieren und Eintrichtern sollte der Schüler angeregt werden, selbständig Lösungen zu suchen. Schüler sind keine passiven »Behälter«, in die die Lehrperson die »richtigen« Lösungen oder die »richtige« Art zu denken hineingießen kann. Dem einzelnen sollte gestattet werden, auf seine eigene Weise zu lernen. Nur so bekommen die Schüler das Gefühl, daß ihre Vorgehensweise, ihre Art, zu lernen, und ihr persönliches Verhalten akzeptiert werden. Vorsichtig sollte der Lehrer mit Bemerkungen umgehen wie: Das gehört nicht hier hin.

Die Individualität jeden Schülers sollte der Lehrer als positiv empfinden und fördern. Andere Menschen zu akzeptieren heißt, andere Vorstellungen und Ansichten zu akzeptieren. Situationen, die meist nur eine »einzig richtige Antwort« verlangen, hemmen die Freude und die Bereitschaft am Entdekken und somit die Kreativität. Den Schülern sollte man das

Recht zubilligen, Fehler zu machen. Irrtümer sollten nicht nur als Selbstverständlichkeit, sondern als notwendiger Teil des Lernens angesehen werden. Wem immer nur Fehler vorgehalten werden, dessen Selbstwertgefühl wird verletzt, und er kann sich nicht unbefangen entfalten.

Zensuren lassen sich nicht vermeiden. Indessen darf das Notengeben nicht die Hauptsache sein. Sie sind kein Lernziel. Sie sind Folge, nicht Voraussetzung des Lernens. Persönliche Erfolgsbewertungen sollten verstärkt eingesetzt werden. Die Lehrer sollten zur Offenheit ermutigen, so daß Gefühle, Meinungen und persönliche Einstellungen ausgesprochen werden können. Die Notwendigkeit, einen Schutzwall zu errichten, kostet Kraft und verhindert, daß Neues an einen wirklich herankommt. Jeder sollte sicher sein, daß, was auch immer er sagt, keine psychische Bestrafung nach sich zieht (Lächerlichkeit, Ablehnung der Person, Blamage).

Die Lehrer sollten sich auch immer wieder dessen bewußt sein, daß Menschen sich nicht verändern können, wenn sie zur Veränderung gedrängt werden. Nur wer sich nicht ständig verteidigen muß, wird irgendwann frei, über sich nachzudenken und sein Verhalten vielleicht zu ändern. Die Offenheit eines angstfreien Klimas führt immer dazu, daß Konflikte ausgesprochen, ausgetragen und nicht verdrängt werden.

Wenn ein Schüler das Klassenziel nicht ereicht, wird meist von schulischem Versagen gesprochen. Wer aber hat versagt? Ist es der lernunwillige Schüler? Nicht selten wird ihm mangelnder Fleiß nachgesagt. Eltern glauben zu gern an die Faulheit ihrer Kinder. Kein Elternteil gibt gern mangelnde Intelligenz zu, und Lehrer vermeiden die Kritik. Dabei wäre es für beide Seiten besser, wenn die Lehrer den Eltern die Wahrheit sagten. Kommen die Kinder nämlich unerwartet mit schlechten Noten nach Hause, stürzt für viele Eltern die Welt zusammen. Gute schulische Leistungen werden oft mit Geschenken und Freizügigkeit belohnt, schlechte Noten mit Liebesentzug und Strafen.

Elterliches Versagen in Schulfragen kommt häufig vor. Die Kinder werden zu früh eingeschult, manchmal aus Prestigegründen oder Ehrgeiz auf falsche Schulen geschickt, wo sie in ihrer Leistungsfähigkeit überfordert werden. Auch Lehrer und Mitschüler können das Leben eines angeblich schlechten Schülers zur Hölle machen und ihn bis zur Verzweiflung bringen. Minderwertigkeitskomplexe werden durch Ablehnung, Hänseln und Erniedrigen noch weiter verstärkt. Kein Wunder, wenn ein psychisch labiler Schüler mit dem Gedanken spielt, sich am Zeugnistag umzubringen, weil er sein Klassenziel nicht erreicht hat, oder aus dem Gefühl heraus, als Mensch nichts zu taugen.
Andererseits dürfen wir nicht vergessen, welcher Überlastung viele Lehrer vor allen an den weiterführenden Schulen ausgesetzt sind. Seit einigen Jahren macht sich bei einigen Lehrern das Burnout-Syndrom (Ausbrennen) bemerkbar. Dabei weicht anfängliche Begeisterung über den Lehrerberuf angesichts geringer Einfluß- und Veränderungsmöglichkeiten einem zunehmenden Realismus, der sich dann in Frustration und schließlich sogar Apathie niederschlagen kann. In diesen letzten Phasen ist ein Lehrer nicht mehr aufnahmefähig für Probleme und eventuelle Selbstmordneigungen seiner Schüler. Hilfeschreie der ihm Anvertrauten hört er nicht mehr.

In jedem Fall stellt der Suizid eines Schülers für das Lehrerkollegium ein schwerwiegendes Problem dar. Dazu eine Stellungnahme von Sigrid Toussaint, einer ehemaligen Lehrerin an einem Gymnasium im Landkreis Hannover, an dem es innerhalb von einer relativ kurzen Zeitspanne zu mehreren Selbstmorden kam:
»Die jungen Menschen in den weiterführenden Schulen stehen durch das Kurssystem einer veränderten Situation gegenüber, in die sie sich erst hineinleben müssen, und das zu einer Zeit, in der sie sich entwicklungsbedingt mit Selbstzweifeln auseinandersetzen und nach ihrer Identität suchen. Sicher werden sie

durch das Kurssystem mehr zu Einzelkämpfern als früher im vertrauten Klassenverband. Für manche bietet dieses System neue Chancen, für andere führt es zur Verunsicherung und vielleicht Vereinsamung, weil die vertraute Gruppe, die Auseinandersetzung und Übung einer Konfliktbewältigung sowie das Aufgefangenwerden von einer Gemeinschaft fehlen.

Der Vorwurf, gerade das Gymnasium sei zu kopflastig, ist sicher nicht unberechtigt. Die kreative Arbeit auch ohne Leistungsbeurteilung, die nicht nur Ausgleich ist, sondern zur ganzheitlichen Ausbildung eines Menschen gehört, kommt vermutlich zu kurz. Grund dafür sind sicher auch die vielen außerschulischen Angebote und Aktivitäten; zum anderen leben wir in einer Zeit, in der die Schule ein breites Spekrum an Wissen vermitteln und auf die Leistungsgesellschaft vorbereiten muß. Dennoch bietet die Schule einen Schutzraum, den man in der Arbeitswelt oder an der Universität nicht vorfindet.

Das sogenannte Schulsystem ist meines Erachtens den überhöhten Anforderungen und Erwartungen der Eltern an ihre Kinder zuzuschreiben und nicht einem Leistungsdruck durch die Schule. Im Zusammenhang mit dem Numerus Clausus und höher qualifizierten Schulabschlüssen, wie sie von Handwerk und Wirtschaft vorausgesetzt werden, fühlen sich auch Eltern unter Druck gesetzt und drängen ihre Kinder in Schularten, die ihrem Leistungsvermögen und -willen zu dem Zeitpunkt nicht entsprechen. Die Folge ist, daß die Kinder sich unglücklich und überfordert fühlen. Es gibt Möglichkeiten, die Schulart zu einem späteren Zeitpunkt zu wechseln oder erweiterte Abschlüsse und das Abitur nachzuholen. Hier ist das offene Gespräch mit den Lehrern und Einzelberatung gefragt. Das verlangt Verständnis und Einsicht – auch von den Eltern und nicht die Haltung: Mit Nachhilfe und dem richtigen Druck schaffen wir das schon! In diesem Zusammenhang möchte ich sagen, daß häufig die Eltern auf schulische Mißerfolge mit Liebesentzug reagieren, nicht die Lehrer.

Aus meiner Erfahrung waren bei den Selbstmorden unter unseren Schülern und Schülerinnen – es waren übrigens fast ausschließlich Schüler – nie schulische Schwierigkeiten die Ursache. Ich möchte nicht ausschließen, daß diese ein Auslöser sein können. In den mir bekannten Fällen waren es sensible, differenzierte, auch kritische, zurückhaltende und intelligente Schüler, deren persönliche Probleme wie Lebensangst, Isolierung und Vereinsamung, Enttäuschung, Flucht vor der Realität zu dieser Verzweiflungstat geführt haben können.
Eine gute Schule und noch so verständnisvolle Lehrer (ein Idealfall!) können das Elternhaus, die Mutter, den Vater nicht ersetzen.
Die Schule, nur ein Teil unserer Gesellschaft, wird immer wieder dazu aufgerufen, wenn Probleme in der Öffentlichkeit besonders aktuell werden, oder aus der »Tabuzone« herauskommen. Diese Auseinandersetzung gehört auch in die Schule, aber ich halte es für eine Überforderung der Lehrkräfte, daß sie diese Probleme sofort an der Wurzel packen und aufarbeiten sollen. Aufarbeitung ist ein Prozeß, bei dem alle gesellschaftlichen Kräfte gefordert sind, und er braucht Zeit.
Was erwartet man alles von einem Lehrer bzw. einer Lehrerin? Er/sie soll wesentliche Fähigkeiten und Eigenschaften einer Mutter haben, dazu fachlich und methodisch-didaktisch kompetent sein, immer pädagogisch richtig reagieren, die Fähigkeit eines Entertainers haben und als Person Vorbild sein. Diesen Supermenschen gibt es nicht. Und das ist gut so!
Vorbilder sind wichtig für die Entwicklung, d.h. Menschen mit ihren Stärken, Fehlern und Unzulänglichkeiten, nicht perfekte Idealbilder. Gerade junge Menschen haben mitunter überhöhte Vorstellungen von einem Ideal-Ich, dem sie nicht genügen können. Das löst Selbstzweifel und Minderwertigkeitsgefühle aus, die sich negativ auf den Lebenswillen niederschlagen.

Schule ist ein Lebensraum, in dem Erwachsene und Jugendliche sich reiben, sich auseinandersetzen, miteinander arbeiten und auch miteinander lachen sollten.
Schule kann ein Ort sein, an dem Verständnis füreinander und Achtung voreinander geübt werden.
Schule ist kein Ort, an dem Harmoniebedürfnis erfüllt wird, weder das der Schüler noch das der Lehrer.
Sicher gibt es das Burn-Out-Syndrom auch bei Lehrern wie anderen Berufsgruppen. Ob der Grund dafür auch die falsche Berufswahl ist, soll hier dahingestellt bleiben.
Ich will uns Lehrer nicht in den Schutz nehmen, aber auch den großen Einsatz der vielen Lehrer für die ihnen anvertrauten Schüler und Schülerinnen nicht schmälern. Wie in jedem Beruf gibt es gute und weniger gute, bessere und schlechtere Fachlehrer, bessere und schlechtere Pädagogen.
Machen sich die Eltern und die Öffentlichkeit eigentlich klar, daß ein Lehrer in den weiterführenden Schulen im Regelfall zwei bis fünf Wochenstunden in einer Klasse oder in einem Kurs unterrichtet, daß er pro Woche 180–200 (manchmal mehr) Schüler/innen, d. h. 200 individuelle junge Menschen, unterrichtet und alle zwei Jahre die Lerngruppe wechselt?
Es dauert eine ganze Weile, bis man einen Schüler/in kennengelernt und sich ein Bild gemacht hat. Oft erfahren wir nur durch Zufall von häuslichen Schwierigkeiten. Im Klassenkollegium findet durchaus ein Austausch über Auffälligkeiten eines/r Schülers/in statt. Auch auf Klassen- und Studienfahrten wird mancher Problemfall sichtbar, und es kommt dann zu Einzelgesprächen; doch Voraussetzung ist die Bereitschaft zur Öffnung und ein Vertrauensverhältnis, das nicht angeordnet werden kann. Ich weiß, daß viele stützende Gespräche und Treffen mit Schülern/innen und/oder Eltern auch außerhalb der Schule stattgefunden haben und weiterhin stattfinden werden.
Der Selbstmord eines Schülers löst in einem Kollegium große Trauer, Bestürzung und Hilflosigkeit aus. Jeder, der ihn oder

sie gekannt hat, fragt sich natürlich, ob ein Hilferuf überhört worden ist, ob eine Interpretation, ein Beitrag in einer Diskussion, ein Hinweis auf die verzweifelte Situation des jungen Menschen dagewesen ist, ob das eigene Gespür versagt hat.
Die Kollegen können bei einem Selbstmordfall in der Schule nicht ausweichen. Sie müssen versuchen, die Mitschüler/innen aufzufangen, die auf diese Nachricht von versteinertem Entsetzen bis zum verzweifelten Weinen reagieren. Es sind nicht nur die Schüler und Schülerinnen des Jahrganges, sondern die aller Klassenstufen, mit denen über Tod und Selbstmord gesprochen werden muß.
Eine Antwort auf das Warum gibt es nicht. Ob Gespräche einen Selbstmord verhindern können, ich weiß es nicht. Bestimmte Persönlichkeitsstrukturen liegen vor und sind doch sehr ausschlaggebend für den Lebensweg eines Menschen.
Die Frage: ›Tötet die Schule unsere Kinder?‹ würde ich mit Nein beantworten.«

Otto-Peter Fricke, Oberstudienrat und langjähriger Beratungslehrer am gleichen Gymnasium, hebt hervor, daß bei keinem der Selbstmordfälle schulische Probleme die Ursache für die Tat waren:
»Schulische Mißerfolge wie z. B. Sitzenbleiben oder schlechte Noten waren meines Erachtens keine auslösende Funktion bei gefährdeten Schülern. Es handelte sich vielmehr um erfolgreiche, in die Gemeinschaft integrierte Schüler/innen, die zum Teil gerade erst begeistert von einer Klassenfahrt oder Studienfahrt zurückgekehrt waren.
Wichtig ist hier vielmehr eine menschliche Dimension: Bei der Beratung von Schüler/innen, die zum Teil offen Selbstmordgedanken äußerten, machte ich die Erfahrung, daß diese Gedanken häufig mehr ein Signal an die Umwelt war, sich verstärkt für sie zu interessieren und einzusetzen. Gefordert sind in einem solchen Fall verstärkt Mitgefühl, Verständnis und vielfach einfach ›nur‹ zuhören.

Die Schüler/innen, die ihr Leben selbst beendet haben, sind alle sehr zielgerichtet ohne Einbeziehung eines anderen Menschen vorgegangen. Eine Sensibilisierung der Mitmenschen muß deshalb Priorität haben. Nur die Kenntnis der Vielzahl von Verhaltensmustern gefährdeter Jugendlicher und unsere Bereitschaft, auf sie zuzugehen, ihnen zuzuhören, Toleranz zu üben wird ihnen eine Hilfe sein. Je offener wir für die Probleme unserer Kinder sind, um so eher können wir eine Suizidgefährdung vermeiden.«

III. Was wir tun können

Bisher hat sich dieses Buch vorwiegend mit den Motiven für einen Selbstmord befaßt. Doch genauso wichtig wie die Frage nach dem Warum ist die Frage nach dem Was können wir tun? Wie läßt sich ein Selbstmord verhüten? Leider gibt es auch hier keine einfachen Rezepte, die generell anwendbar sind. Jeder Fall ist anders gelagert und verlangt eine individuelle Behandlung. Doch grundsätzlich gilt, auch wenn es banal klingen mag: Wer helfen will, muß die geäußerten Selbstmordabsichten eines Jugendlichen wirklich ernst nehmen und sich dann mit ganzer Kraft den Sorgen dieses Menschen widmen – auch wenn die Probleme und Ängste eher unwichtig erscheinen mögen. Jeder Selbstmord kündigt sich durch unmißverständliche Zeichen oder Handlungen an. Sie zu erkennen, muß die Hauptaufgabe sein.

Um einem gefährdeten jungen Menschen wirklich helfen zu können, muß man vor allem wissen, warum ihm sein Leben so lebensunwert erscheint. Die helfende Person sollte auf die Konflikte der jungen Menschen eingehen und sich dabei wirklich Zeit nehmen. Sie sollte auf der einen Seite zwar deutlich machen, daß es Wichtigeres gibt als das, worunter sie leiden, auf der anderen Seite sollte sie ihnen allerdings auch aktiv helfen, aus ihrer Notlage herauszukommen. Das ist immer eine Gratwanderung, die viel Einfühlungsvermögen erfordert. Besonders wichtig kann es dabei sein, mit den Lehrern, den Eltern, den beruflichen Bezugspersonen oder den Freunden zu sprechen, unter denen die Betroffenen leiden.

Besonders wichtig ist es zudem, sich nicht von vorgefaßten Meinungen beeinflussen zu lassen. So glauben etwa viele Menschen, daß eine Person, die von Selbstmord redet, ihn nicht begeht. Das ist falsch: Auf zehn Selbstmörder kommen acht, die unmißverständlich ihre Tat angekündigt haben. Häufig wird auch angenommen, daß ein zum Selbstmord entschlossener Mensch sowieso nicht von seinem Vorhaben abgebracht werden kann. Auch das ist unzutreffend: Die meisten von ihnen sind hin- und hergerissen zwischen dem Wunsch zu leben und zu sterben. Häufig »versuchen« sie die Tat in der Hoffnung, gerettet zu werden. Meist dominiert ihr Lebenswille. Das belegen auch Untersuchungen, nach denen Gerettete fast immer ihren Selbstmordversuch bereuen und dankbar sind, daß man sie noch rechtzeitig gefunden hat. Und ist nicht auch die Suche nach Hilfe vor der Tat letztendlich ein Zeichen für den Lebenswillen?

Die Annahme, daß ein Mensch, der einmal zum Selbstmord neigt, es immer wieder tut, trifft ebenfalls nicht immer zu: Zwar kann ein Mensch nach relativ kurzem zeitlichen Abstand nach einem Selbstmordversuch wieder zu der Tat neigen, wenn die grundlegenden Motive sich nicht geändert haben. Doch in den meisten Fällen haben die Lebensmüden nur während einer begrenzten Zeit ihres Lebens den Wunsch, sich zu töten. Daß eine suizidale Neigung erblich bedingt sei, ist ebenso falsch wie die Annahme, viele Selbstmörder seien geistesgestört. Die meisten von ihnen sind zwar zutiefst unglückliche Menschen, doch sind sie psychisch völlig »normal«.

Eine Schlüsselrolle bei der Verhütung eines Suizids kommt sicherlich den Eltern zu. Daneben kommt auch dem Freundeskreis und näheren Bekannten eine besondere Bedeutung zu. Auf diese Gruppen soll im folgenden näher eingegangen werden.

1. Die Eltern

Seit Freud ist es Gemeingut der psychotherapeutischen Praxis, die Ursache für seelische Fehlentwicklungen in der Kindheit zu suchen. Wenn dies auch in einigen Fällen zu einer zu starken Fixierung auf eher nebensächliche Kindheitserlebnisse führen mag, so gilt doch als gesichert, daß ein Großteil der suizidgefährdeten Jugendlichen massive Probleme in ihrer Kindheit hatte. Auch wenn es äußerst banal erscheinen mag – die wichtigste Antwort auf die Frage, was wir tun können, um einen Selbstmord zu verhindern, lautet: Gebt den Kindern eine unbeschwerte, glückliche Kindheit. Angesprochen sind damit vor allem die Eltern, die ja die entscheidenden Weichen für die frühen Kindheitsjahre stellen. Wie schwierig es ist, dieses hehre Ideal Tag für Tag in die Wirklichkeit umzusetzen, dürfte jeder Mensch wissen, der eigene Kinder hat. Dieses Kapitel handelt davon, was die Eltern für eine glückliche Kindheit tun können – und davon, wie sie eine unglückliche Kindheit vermeiden können.
Es gibt zahlreiche Faktoren, die die kindliche Entwicklung im Positiven wie im Negativen beeinflussen können. Nach den Erfahrungen in meiner Praxis führen Fehlentwicklungen zur Ausbildung der folgenden vier Persönlichkeitsstrukturen:

- die depressive Struktur,
- die zwangsneurotische Struktur,
- die schizoide Struktur,
- die hysterische Struktur.

a) Die depressive Struktur

Dieser liegt eine Störung der Mutter-Kind-Beziehung zugrunde. Wir kennen zwei Müttertypen, die dazu beitragen, daß ihre Kinder zu depressiven Persönlichkeiten werden. Bei dem ersten Muttertyp handelt es sich um die sogenannte »Gluckenmutter«. Sie verwöhnt ihre Kinder und nimmt ihnen alle Entscheidungen ab, sie läßt nichts Negatives an ihre

Kinder heran, alles wird von ihnen ferngehalten. Eine derartige Überverwöhnung führt häufig dazu, daß die Eigeninitiative der Kinder gehemmt wird. Da ihnen auf diese Weise die Freude versagt wird, die eigene Aktivitäten und Selbständigkeit bewirken können, leiden die Kinder später unter einem Gefühl der Ohnmacht und Hoffnungslosigkeit.

Diese Gluckenmütter wünschen sich, daß ihre Kinder nicht selbständig werden. Sie können sie nicht loslassen und verwöhnen sie, um länger gebraucht zu werden. Sie halten ihre Kinder in Abhängigkeit! Es kann sogar so weit gehen, daß die ersten Gehversuche des Kleinkindes bei diesen Müttern Panik auslösen. Kommt dann noch hinzu, daß von den Kindern Dankbarkeit verlangt wird, wird ein Kind keine eigene Persönlichkeit entwickeln können.

Der zweite Typ ist die Mutter, die zuwenig geben kann, nicht nur materiell, sondern vor allem gefühlsmäßig. Diese Mütter sind meist selbst im Leben zu kurz gekommen. Sie erfüllen ihre Pflicht als Mütter, können aber weder Liebe geben noch nehmen. Dies hat für ihre Kinder verheerende Folgen: Das Kind zieht aus der mangelnden Zuwendung der Mutter den Schluß, daß es nicht liebenswert sei. Es bilden sich Minderwertigkeitsgefühle, die völlig unbegründet sind. Denn Problemverursacher ist die Mutter, die unfähig ist, Liebe zu geben, da sie selbst keine Liebe bekommen hat.

Beide Muttertypen, die versagende und die verwöhnende, bewirken bei den Kindern eine depressive Persönlichkeitsstruktur. Das verwöhnte Kind leidet später bei Problemsituationen unter großen Ängsten. Auch werden sie von der verwöhnenden Mutter »zärtlich« gehindert, außerhalb ihrer Familie eigene Erfahrungen zu machen. Sie werden eifersüchtig behütet, und jedes Liebesobjekt – Freund oder Freundin – wird schlecht und lächerlich gemacht, da es als Rivale angesehen wird.

b) Die zwangsneurotische Struktur

Die zwangsneurotische Persönlichkeit bildet sich in etwa zwischen dem zweiten und sechsten Lebensjahr. In diesen Jahren wird die Willensbildung des Kindes geprägt. Wenn es immer nur heißt, du sollst, du darfst, du mußt, wird das Kind in seiner Kreativität und Eigeniniative unterdrückt oder gehemmt. Die Kinder merken schon sehr früh, daß alles nach einem ganz bestimmten Muster abläuft und daß das Abweichen von der Norm gefährlich ist. Wenn das Kind lebhaft ist, wenn es sich schmutzig macht, laut ist oder etwas zerstört, muß es mit Liebesentzug, Tadel oder Schlägen rechnen. Seine natürliche Unbefangenheit und Impulsivität ist eingeschränkt oder verkümmert sogar ganz. Das Kind entwickelt schon früh eine sehr starke Selbstkontrolle. Unkontrolliertes Spielen ist diesen Kindern fremd.

Diese Kinder sind sehr stark hierarchisch ausgerichtet. Sie bevorzugen Spiele, in denen sie sich überlegen fühlen. Sie suchen ihre Freunde nicht unter dem Gesichtspunkt von Sympathie und gegenseitigem Verständnis, sondern unter dem Aspekt, wer der Überlegene ist. Fast immer fehlt ihnen die Spontaneität, und im Gespräch bleiben sie außerordentlich unbeweglich. Sie meiden Blickkontakt, drücken sich häufig unklar aus und sind skeptisch gegenüber allem Neuen.

c) Die schizoide Struktur

Den schizoiden Kindern fehlt es an Geborgenheit und Wärme. Es sind meist unerwünschte Kinder, häufig wurden sie frühzeitig von der Mutter getrennt oder haben ihre Bezugspersonen verloren. Ständiger Milieuwechsel, vor allem in den ersten drei Lebensjahren, fördert die schizoide Struktur. Sie kann auch entstehen, wenn das Verhalten der Eltern gegenüber den Kindern ständigen Stimmungsschwankungen unterworfen ist. Was heute erlaubt ist, wird morgen verboten. Wofür das Kind heute Liebe bekommt, wird es morgen bestraft. Dieses Kind kann kein Vertrauen zu anderen Men-

schen gewinnen. Es bildet sich Mißtrauen, das die Lebensfreude und die Selbstsicherheit einschränkt.
Aus diesem Mißtrauen entwickelt sich ein Teufelskreis. Das Kind findet keinen Kontakt, da es allen Mitmenschen mißtraut. Es lernt andere Kinder nicht wirklich aus der Nähe kennen. Vertrauen und Zugehörigkeitsgefühl sind diesen Kindern unbekannt. In Gruppen stehen diese Kinder immer am Rande, sie bleiben Außenseiter, und so verstärkt sich noch ihr Mißtrauen. Diese Kinder sind meist abweisend gegenüber anderen Kindern, überheblich und schroff. Sie interessieren sich nicht für ihre Mitmenschen, leiden jedoch sehr unter ihrer Einsamkeit, aus der sie nicht herauskommen.

d) Die hysterische Struktur

Betroffen sind Kinder, die aus einem labilen, häufig chaotischen Milieu stammen. Es fehlen ihnen die Vorbilder, die sie zum verantwortungsvollen Erwachsenwerden benötigen. Ihre Eltern haben sie nicht darüber aufgeklärt, daß es gewisse Gesetze und Spielregeln im Leben gibt, ohne deren Einhaltung das Leben ein großes Chaos wäre. Fragen des Kindes werden überhaupt nicht oder nur in gereiztem Ton beantwortet. Die Wißbegier des Kindes wird so niemals befriedigt, irgendwann wird es keine Fragen mehr stellen.
Derartige Kinder spielen oft Rollen, die die Eltern von ihnen erwarten. Wenn sich das Kind erwartungsgemäß verhält, ist ihm Aufmerksamkeit und Liebe gewiß. Sein einziger Ehrgeiz ist darauf gerichtet, sympathisch zu wirken und sich so der Zuneigung zu versichern. Es spielt sich in den Mittelpunkt und möchte fortwährend beachtet und bestätigt werden. Zu einer Krise kommt es, wenn dieses Kind nicht mehr die Hauptperson ist. Es muß um die Gunst kämpfen, und das hat es nicht gelernt. Beim Erwachsenwerden fällt es ihm schwer, sein Rollenspiel aufrechtzuerhalten. Der zwischenmenschliche Kontakt ist stark gestört, da ein solches Kind Gleichheit und Miteinander nicht zulassen kann.

Natürlich gibt es keine eindeutigen Ausprägungen dieser einzelnen psychischen Strukturen; sie überschneiden und vermischen sich. Der Grundstein für diese Störungen wird in den ersten vier bis sechs Jahren gelegt. In dieser Lebensphase ist das Kind besonders stark dem Einfluß der Bezugsspersonen ausgesetzt. Somit tragen letztlich die Eltern einen Großteil der Verantwortung für das spätere Verhalten ihrer Kinder. Eltern sollten es also vermeiden, daß ihre Kinder in ihrer psychischen Entwicklung negativ beeinflußt werden, um der Gefahr einer späteren suizidalen Neigung vorzubeugen.

Gerade in dieser ersten Lebensphase kommt der Eltern-Kind-Beziehung eine entscheidende Bedeutung zu. Gleich nach der Geburt ist es besonders wichtig, daß die Eltern dem Kind seine Angst nehmen. Denn das Baby wird zweifellos mit Angst geboren. Die Mutter hat Angst vor der Geburt, und das Kind passiert während der Geburt einen engen Geburtskanal. Die ersten Momente auf der Welt bedeuten für das Kind Kälte, laute Stimmen, Rauhheit, helles Licht, Fehlen der Geborgenheit. Die Eltern müssen das Kind lehren, mit dieser Angst zu leben und sie zu bewältigen.

Die Mutter sollte das Wahrnehmungsfeld des Kindes erweitern, indem es ihm das Greifen, Sehen, Hören und Tasten erschließt. Sie muß das Kind auf den Schoß nehmen oder im Arm tragen, damit es auf diese Weise die Welt sehen kann und sie ihm zugänglich gemacht wird. Ein Baby, welches im Liegen gefüttert wird, nimmt nur einen geringen Ausschnitt der Welt wahr. Es wird in seiner Gefühlswelt eingeengt und geschädigt. Dagegen öffnet sich das liebevoll gehaltene Kind der Welt, und die Welt öffnet sich ihm.

Besonders wichtig für die weitere Entwicklung des Kindes ist das Spielen. Kommt es hier zu sehr starken Fehlentwicklungen, so können im späteren Leben schwerwiegende psychische Störungen die Folge sein, die suizidale Neigungen auslösen können. Das Spiel ermöglicht dem Säugling, sich zum ersten Mal in seinem Leben als eigenständige Person zu begreifen und ein Gefühl der eigenen Identität zu entwickeln. Durch das Spiel trennt der Säugling phasenweise sein Selbst von der Mutter, mit dem er so lange verbunden war, und dem er sich jetzt auch noch sehr verbunden fühlt. Hat die Mutter keine Zeit für ihr Kind, so überbrückt das Spielen die Wartezeit für das Kind und vermindert so Wut, Ohnmacht und Verlassenheitsgefühle. An die Stelle dieser negativ besetzten Emotion tritt so das positive Gefühl der Lust am Spielen. Der Säugling kann die Angst vergessen, die ihn sonst während der Abwesenheit der Mutter überkommen würde.

Beim Spielen verhalten sich die Kinder zwar sehr häufig aggressiv. Dieses Verhalten hat nichts mit Ungeduld zu tun, die viele Kinder bei Abwesenheit der Mutter überfällt und die durch ihren destruktiven Charakter schnell in Haß oder Verzweiflung umschlagen kann. Das Spielen dagegen eröffnet andere Möglichkeiten, um auf Versagen und Ohnmacht zu reagieren. Auf spielerische Weise erfährt und erweitert das Kind seine Welt. Die Angst vor dem Neuen weicht einer Neugier und schließlich einer Freude an der Endeckung der Umgebung. Wenn ein Kind ohne Angst spielen kann und ohne dabei fürchten zu müssen, die Liebe der Mutter zu verlieren, so lernt es zudem, die Regeln zu respektieren. Auch hierin kann eine prägende Erfahrung für die Zukunft liegen.

Je mehr ein Kind sich allerdings dem Spielen verweigert, um so weniger wird es später Regeln und Ordnung akzeptieren. Ist das Kind viel allein, so kann es unter Umständen zu einer derartigen Entwicklung kommen. Deshalb sollten sich die Eltern, besonders aber die Mutter, bemühen, viel mit dem Kind zu spielen. Unterstützen die Eltern ihr Kind in seinem Spieltrieb, so wächst das Selbstvertrauen des Kindes. Der junge Mensch lernt dadurch von Beginn seines Lebens an, sich aktiv mit seiner Umgebung auseinanderzusetzen. Erfolgserlebnisse beim Spielen kann es seiner Mutter vorführen und so Anerkennung erlangen und ein starkes Selbstwertgefühl aufbauen. Das Spielen schult verschiedene Funktionen, die für das spätere Leben von großer Bedeutung sind: Realitätserkenntnis, Geschicklichkeitsausbildung, Angstbewältigung, Selbstbehauptung, Akzeptieren und Erlernen von Regeln und damit auch von Rangordnung.

Durch das Spielen gewinnt das Kind also einen Realitätssinn, der ihm später helfen wird, sich in der Gesellschaft zu behaupten. Für eine gesunde, normale Entwicklung des Kindes ist ein starkes Ausleben des Spieltriebes geradezu unerläßlich. Wird ein derartiges Ausleben unterdrückt oder ist das Fernsehen der Mittelpunkt seines Lebens, so kann dies schwerwiegende psychische Probleme nach sich ziehen.

Um sich zu entwickeln, benötigt das Kind die einfühlsame Liebe der Mutter, später braucht es beide Eltern, die es respektieren kann. Erlebt das Kind häufig Enttäuschungen, kann sich dies in Verhaltensstörungen auswirken, die später auch zu einer Suizidneigung führen können.

Zur Illustrierung das Märchen ›Hans im Glück‹ nach den Gebrüdern Grimm:

»Hans diente seinem Herrn sieben Jahre und bekam als Dank und Lohn einen großen Klumpen Gold. Damit machte er sich auf den Heimweg zu seiner Mutter. Das Gold bedeutete ihm nicht viel, er tauschte es ein gegen ein Pferd, das Pferd gegen eine Kuh, die Kuh gegen ein Schwein und das Schwein gegen einen Riesenschleifstein. Schließlich stand er mit leeren Händen da und war sehr zufrieden. Er dankte Gott auf Knien, daß er ihn von der Last befreit hatte, und nannte sich selbst ›Hans im Glück‹. Bei der Rückkehr schloß ihn seine Mutter mit glänzenden Augen in die Arme und versicherte ihm, daß er zwar dumm sei, sie ihn aber trotzdem liebe. Hans fand das Glück in den Armen seiner Mutter, in seiner bedingungslos liebenden Mutter. Sie hatte ihn so angenommen, wie er war.«

»Wenn man der unbestrittene Liebling der Mutter gewesen ist, so behält man fürs Leben jenes Eroberungsgefühl, jene Zuversicht des Erfolges, welche nicht selten wirklich den Erfolg nach sich zieht«, schreibt Sigmund Freud. Für die Eltern allerdings kann eine sehr große Schwierigkeit darin bestehen, das Kind so anzunehmen, wie es ist und sich damit abzufinden, daß es vielleicht nicht so ist, wie sie es haben wollen. Das Kind sollte sich jedoch immer in der Gewißheit wiegen können, daß die Eltern in Notsituationen für es da sind. Andererseits sollten die Eltern ihre Kinder aber nicht als Eigentum betrachten. Das Loslassen gehört zum Leben.

Es erschüttert mich immer wieder, wie Eltern auf einen Tötungsversuch ihrer Kinder reagieren. Leider kommt es zu häufig zu Vorwürfen wie: Wie konntest du uns das antun? Was sollen denn die Leute denken? – Viele Jugendliche wollen auch ihre Eltern nach einem mißglückten Suizidversuch nicht sehen oder gar nicht mit ihnen sprechen. Schuldzuweisungen auf beiden Seiten oder sogar von dem Arzt oder Therapeuten führen nicht weiter. Sie sollten auf jeden Fall vermieden werden. Die Hilflosigkeit, die die Eltern überkommt, wenn sie am Krankenbett stehen, und die Angst vor dem Arzt, der ihnen Vorhaltungen macht, sind sehr groß. Sie fühlen sich schuldig, und in vielen Fällen klagt sie der Halbgott in Weiß noch an – auch wenn er es nicht offen ausspricht, so verraten es Mimik und Gestik doch deutlich.

Wichtig ist für die Kinder das Gefühl, von ihren Eltern ernst genommen zu werden. Das bedeutet auch, daß die Eltern die Kritik ihrer Kinder annehmen. Es gibt zahlreiche Dinge, die Kinder an ihren Eltern kritisieren, zum Beispiel:

Daß meine Eltern sich ständig zanken;
daß ich in den Streit mit einbezogen werde;
daß sich nur alles um die Schule dreht;
daß meine Eltern mich wegen jeder Kleinigkeit strafen;
daß ich mit Hausarrest oder Taschengeldentzug bestraft werde, weil ich eine schlechte Arbeit geschrieben habe oder

weil ich unartig war oder etwas getan habe, das sie nicht akzeptieren;
daß keiner mit mir redet;
daß ich ständig mein Zimmer aufräumen soll;
daß sie fortwährend an mir rummäkeln;
daß sie immer wieder sagen, daß ich alles falsch mache, dumm bin, aufsässig und schlampig;
daß sie meinen Freund oder meine Freundin schlecht machen;
daß ich an allem die Schuld bekomme;
daß sie mir ständig sagen, daß sie ohne mich besser leben könnten.

Daß all diese Verhaltensweisen und Maßregelungen Kindern Probleme bereiten, muß kaum betont werden. Entweder ziehen sie sich auf sich selbst zurück oder sie versuchen mit auffälligem Verhalten Aufmerksamkeit zu erlangen. Das kann auch das Motiv für einen Suizidversuch sein, der letzlich für die Sehnsucht der Kinder nach Liebe und Geborgenheit steht.
Hört mich denn wirklich keiner, warum bin ich auf der Welt? fragen sie durch ihre Tat. Viele sprechen auch vorher offen über ihre Selbstmordabsicht: Ich habe keine Lust mehr, ich glaube, ohne mich ginge es euch besser, ich bin für euch nur eine Last, ich möchte tot sein, es hat doch alles gar keinen Sinn, ich weiß nicht mehr weiter.
Schaut man sich die Geburtsanzeigen an, so ist immer von Dankbarkeit über die Geburt des Kindes die Rede. Dankbar ist das Schwesterchen für das Brüderchen, das Brüderchen für das Schwesterchen. Wenn die Kinder größer werden, wendet sich das Blatt. Nun wird von ihnen Dankbarkeit erwartet – für ein neues Fahrrad, für einen neuen Mantel, für das gute Essen usw. Sind sie älter, wird ihnen nicht selten der Vergleich mit früheren Zeiten vorgehalten: Damals sei alles nicht so einfach gewesen, die Eltern hätten es schwer gehabt, und den Kindern

gehe es dagegen ja so gut. Und wer kennt nicht den Spruch: Solange du deine Füße unter meinen Tisch stellst, bestimme ich, was hier getan wird.
Aber auch das Gegenteil ist zu beobachten. Viele Eltern werden von einer fast schon krankhaften Sorge getrieben, daß sie etwas falsch machen. Diese Unsicherheit wird auf die Kinder übertragen. Oft klammern diese Eltern sich an die Kinder, halten sie fest, erziehen sie nicht zur Selbständigkeit, sondern behandeln das Kind als persönlichen Besitz. Sie haben ständig Angst, daß ihren Kindern etwas passiert, und setzen sie in ein Glashaus. Auch das kann sehr gefährlich sein.
Auch eine Ehescheidung kann, wie schon beschrieben, in bestimmten Fällen zu Selbstmordabsichten führen. In einer derartigen Situation sind die Eltern besonders gefordert, daß ihr Kind nicht in eine depressive Stimmung verfällt. Nach der Scheidung wird durch den Sorgerechtentscheid bestimmt, bei wem das Kind in Zukunft lebt. In den meisten Fällen wird es der Mutter zugesprochen.
Dazu einige Erfahrungen aus der Kinder- und Jugendpsychiatrie von Prof. Reinhard Lempp, Universitätsnervenklinik Tübingen (zit. nach ›Im Kreidekreis‹ von Leona Siebenschön):

- »Mit scheinbar guten Verabredungen meinen Eltern eine für alle gerechte Lösung zu finden. Das ist eine Illusion und Vorspiegelung falscher Verhältnisse.
- Die Scheidung ist durch keine noch so ausgeklügelte Verkehrsvereinbarung aus der Welt zu schaffen.
- Das Kind wird jede Woche von einem Milieu ins andere gestoßen. Die nötige Stabilität der Umweltbeziehung wird verhindert.
- Väter, die Unterhalt zahlen, gründen auf diese Zahlung einen Rechtsanspruch. Das Kind wird zum ständigen Streitobjekt und Kampfinstrument über die Scheidung hinaus – eine tausendfältige Wirklichkeit, die das Kind nachhaltig schädigend trifft.

- Im Gefühlskonflikt zwischen den verfeindeten Fronten müssen Kinder zu Opportunisten und Schauspielern werden, belastet vom schlechten Gewissen.
- Um des Kindes willen ist es in strittigen Fällen zuweilen die beste Lösung, wenn der nicht Sorgeberechtigte auf sein Besuchsrecht verzichtet, um dem Kind die ständige Qual zu ersparen.«

Das Bemühen der Eltern muß dahin gehen, den Scheidungskindern neue Perspektiven, Sicherheit und Geborgenheit zu geben. Eine sachliche Trennung mit Rücksichtnahme auf das trauernde Kind kann das Leiden vermindern. Leider läßt sich dieses schwer verwirklichen, da der Haß zwischen Vater und Mutter oft auf die Kinder übergreift. Die gemeinsamen Kinder sind das Streitobjekt, denn damit kann man den Partner oft am tiefsten verletzen. Die Folgen dieses Kampfes lasten aber nicht auf den Erwachsenen, sondern auf den Opfern, den Kindern. Sie werden dann später häufig als Rüpel, Flegel und mißratene Kinder abgetan. Die Schuld der Eltern wird meist übersehen.

Unsere Kinder mit viel Liebe und Respekt aufwachsen zu lassen – das ist die wichtigste Antwort auf die Frage, was wir tun können, um die Neigung zum Selbstmord zu unterbinden. Doch wer hat schon erziehen gelernt? Als wir unseren zweiten Hund bekamen, meine Kinder waren schon erwachsen, wollte ich diesen erziehen. Der Kommentar meiner ältesten Tochter war: »Weißt du, du hast uns schon nicht erzogen, mit dem Hund wird das auch nichts.«

Es ist schon paradox: Auf der einen Seite fehlt es den meisten Eltern an Erfahrung und Wissen in Sachen Erziehung, auf der anderen Seite haben sie aber nahezu vollkommene Verfügungsgewalt über ihre Kinder. So heißt es im Bürgerlichen Gesetzbuch zum Thema elterliche Gewalt:

»Solange es minderjährig ist, steht das Kind unter der elterlichen Gewalt des Vaters und der Mutter.«

Damit herrschen die Eltern absolut über ihre Kinder. Nur wenn sichtbare Zeichen von Körpermißhandlung oder Verwahrlosung auftreten, kann die elterliche Gewalt eingeschränkt oder sogar aufgehoben werden. Doch wer sieht schon die seelischen Mißhandlungen der Kinder? Erwachsene wissen oft wenig vom Innenleben ihrer Kinder, obwohl sie selber Kinder waren. Verdrängte Erfahrungen und vergessene Kindheit machen uns Erwachsene häufig zu Kinderfeinden. Was tun wir Eltern nicht alles unter dem Deckmantel der Erziehung: Schimpfen, Schlagen, Demütigen, Lächerlichmachen und noch viele Grausamkeiten mehr.

Doch natürlich haben Kinder und Jugendliche in Deutschland auch Rechte. Diese klingen zwar beeindruckend, ihre Verwirklichung kann von den Kindern in der Praxis jedoch kaum eingefordert werden. So heißt es in Paragraph 1 des Kinder- und Jugendhilfegesetzes:

- »Jeder junge Mensch hat ein Recht auf Förderung seiner Entwicklung und auf Erziehung zu einer eigenverantwortlichen und gemeinschaftlichen Persönlichkeit.
- Jedes Kind hat Bedürfnisse nach Liebe, Wärme, Schutz, Ehrlichkeit, Angenommensein und danach, voll akzeptiert zu werden.
- Jedes Kind hat das Recht auf, seine Gefühle zu vertrauen und die Argumente der Erwachsenen anzuzweifeln.
- Jedes Kind wird unschuldig geboren.
- Jedes Kind wird erst durch uns Eltern zum Lügner.
- Jedes Kind hat das Recht zu seinen Eltern nein zu sagen.
- Jedes Kind ist sensibler als Erwachsene.
- Jedes Kind hat das Recht, seine Haßgefühle, seine Wut, seine Beleidigungen, seine erduldeten Grausamkeiten und Kränkungen in der Familie abzuarbeiten. Es darf keine Angst vor Liebesentzug und Strafen haben.
- Jedes Kind hat das Recht, daß wir ihm Glauben schenken und es akzeptieren.«

Wir, die Erwachsenen, müssen Achtung, Respekt und Toleranz für unsere Kinder haben. Wer sich seinen Kindern zuwendet, von dem wenden sie sich auch nicht wieder ab. Ein Kind, das von Beginn seines Lebens an Liebe, Zärtlichkeit, Wärme, Schutz, Ehrlichkeit und Toleranz erfährt, wird nicht auf die Idee kommen, sich das Leben zu nehmen.

In gewisser Weise rechtfertigt auch die Kirche das Gewaltmonopol der Eltern gegenüber ihren Kindern. Wie heißt es doch im vierten Gebot:
»Du sollst deinen Vater und deine Mutter ehren, auf daß dir's wohlgehe und du lange lebest auf Erden.
Wir sollen Gott fürchten und lieben, daß wir unsere Eltern und Herren nicht verachten noch erzürnen, sondern sie in Ehren halten, ihnen dienen, gehorchen, sie lieb und wert haben.«
Und wie heißt es in den Büchern Salomo? »Wer sein Kind nicht kasteit, nicht züchtigt, liebt es nicht.«
So gewährt die christliche Erziehung den Eltern eine Art Freibrief für Demütigungen aller Art gegenüber ihren Kindern. Ein Kind zu demütigen oder gar zu schlagen, geschieht aber nicht aus Liebe, sondern darin zeigt sich die Unfähigkeit, zu lieben. Kinder zu züchtigen, damit sie Respekt vor uns haben, ist nicht möglich. Es bewirkt das Gegenteil. Gewalt macht krank, körperlich, seelisch und sozial. Sie zerstört die Entwicklung der Kinder und behindert das Lernvermögen.

Und wie schildert der Literaturnobelpreisträger Hermann Hesse seine frühen Lebensjahre? »Angst war es, Angst und Unsicherheit, was ich in all jenen Stunden des gestörten Kinderglücks empfand; Angst vor Strafen, Angst vor dem eigenen Gewissen, Angst vor Regungen meiner Seele, die ich als verboten und verbrecherisch empfand.«

Die Erziehung sollte vielmehr so aussehen, wie Franz Alt es in ›Jesus, der erste Mann‹ beschreibt:

- »Loslassen, statt an sich zu binden.
- Warten können, statt zu drängen.
- Entgegengehen, statt beleidigt zu sein.
- Küssen, statt zu strafen.
- Feiern, statt zu fasten.
- Gut zureden, statt zu verurteilen.
- An das Leben glauben, statt Schuldgefühle auf seine Kinder zu übertragen.
- Bitten, statt zu drohen.«

Die Schweizer Psychotherapeutin Alice Miller drückt es in ihrem Buch ›Das verbannte Wissen‹ so aus: »Menschen, die von klein auf ernstgenommen, respektiert, geliebt und beschützt wurden, können gar nicht anders, als das gleiche mit ihren Kindern zu tun, weil ihre Seele und ihr Körper diese Lehre früh aufgenommen und gespeichert haben. Sie haben von Anfang an erfahren, daß es wichtig ist, das schwächere Wesen zu schützen und zu respektieren, und dies wird ihnen zu einer Selbstverständlichkeit. Sie werden keine Lehrbücher der Psychologie brauchen, um ihre Kinder zu erziehen. Aber die Menschen, die heute über das Leben der Kinder bestimmen, Eltern, Lehrer, Juristen, haben noch andere Erfahrungen in ihrer Kindheit gemacht, und sie glauben, daß diese richtig waren. Sie können sich selten in Kinder einfühlen und bringen auch selten ein Gefühl für deren eigenes Schicksal auf. Erst durch das Auftauchen bewußter Anwälte der Kinder verschwindet ihre falsche Sicherheit. Mit der Zeit müssen sie die unrichtigen Theorien aufgeben und aus Erfahrungen lernen. Ich meine, daß wir auf dem Weg sind, dieses Ziel zu erreichen, weil es in der Zukunft, dank der neuen Erkenntnisse, mehr Menschen mit einer humanen Kindheit geben wird.«

2. Die Gesellschaft

Jedes Jahr nehmen sich mehr als 13 000 Menschen in Deutschland das Leben. Das sind weitaus mehr Menschen als jene, die an Aids sterben. Trotzdem gibt es von öffentlicher Seite keine groß angelegte Aufklärungskampagne, keine staatlichen Hilfsprogramme. Wir scheinen uns mit dieser erschreckend hohen Zahl mehr oder weniger abgefunden zu haben. Gelegentlich erschüttert ein besonders spektakulärer Fall für einige Tage eine Region. Dann werden einzelne Schuldige gesucht und manchmal auch gefunden, und es wird wieder zum Alltag übergegangen. Die Suizidforschung fristet meist ein Dasein im Abseits der Öffentlichkeit. Zwar treffen sich die Forscher des öfteren zu Kongressen, doch Ergebnisse und Appelle finden nur wenig Interesse.
Viele suizidgefährdete Jugendliche oder Eltern, die ihr Kind durch Suizid verloren haben, fühlen sich enttäuscht von diesem Desinteresse von öffentlicher Seite. Denn eigentlich sollte kein Zweifel darüber bestehen, daß nicht nur jeder einzelne zur Selbstmordverhütung beitragen sollte, sondern diese Aufgabe auch der Summe aller Individuen, also der Gesellschaft und letztendlich dem Staat, zukommt. Das ist in der Praxis sicherlich schwer umzusetzen.
In der Bundesrepublik gibt es zwar Beratungsstellen für suizidgefährdete Menschen, was sicherlich sehr zu begrüßen ist. Trotzdem sollten gerade diese Stellen noch stärker als bisher versuchen, das Thema Suizid zu enttabuisieren, es dadurch in der Öffentlichkeit bekannter zu machen und so noch wirksamer zur Selbstmordverhütung beizutragen.
Auf der anderen Seite sollte das Argument der Verantwortung der Gesellschaft nicht als Ausrede für den einzelnen dienen, nichts zu tun. Es sollte gelten: Der einzelne darf sich nicht länger auf die Verantwortung der Gesellschaft herausreden, die an allem schuld sei; und die Gesellschaft wiederum muß damit Schluß machen, sich nach der Art unerreichbarer

Behörden für diese Problematik als »unzuständig« zu erklären.
Im Grundgesetz der Bundesrepublik Deutschland heißt es: »Die Würde des Menschen ist unantastbar. Sie zu achten und zu schützen ist Verpflichtung aller staatlichen Gewalt. Das deutsche Volk bekennt sich darum zu unverletzlichen und unveräußerlichen Menschenrechten als Grundlage jeder menschlichen Gemeinschaft, des Friedens und der Gerechtigkeit in der Welt.«

Doch man sollte nicht zuviel vom Staat erwarten. Wenn auch die Rechtsordnung der Bundesrepublik, das äußere Umfeld also, die Würde des Menschen garantiert, so kann sie dem einzelnen eben doch kein psychisches Wohlbefinden garantieren. Darin sieht der Staat – zu Recht – nicht seine Aufgabe. So ist jeder Mensch bei seiner Wertesuche auf sich allein gestellt. Und eben darin liegt für viele ein Problem.
Viele Suizidforscher betonen, daß sich suizidgefährdete Menschen in diesem Grundproblem kaum von anderen Menschen unterscheiden. Der alarmierende Unterschied liege nur darin, daß sie sich ebenso radikal wie endgültig von diesem Problem erlösen wollten. Nach den Erfahrungen der Forscher werden diese verzweifelten jungen Menschen von dem Gefühl beherrscht, nutzlos zu sein, keine Chance zu haben, nicht gebraucht zu werden. Es ist das Prinzip der Hoffnungslosigkeit, das viele Kinder und Jugendliche dominiert. Ihr Leben hat für sie keinen Sinn. Diese labilen Menschen sind es, die auf den heute so häufig zitierten Werteverlust auf ihre eigene, endgültige Art reagieren.
Doch wie ihnen Werte vermitteln? Die Institution, die innerhalb der Gesellschaft eigentlich diese Aufgabe übernehmen könnte – die Kirche – verliert unter den Heranwachsenden immer mehr an Glaubwürdigkeit. Das zeigt nicht zuletzt die große Zunahme von Kirchenaustritten in den letzten Jahren. Wenn ich die Jugend meiner fünf Kinder und besonders die

meines Sorgenkindes betrachte, so war die Kirche bis zur Konfirmation eine sehr wichtige Institution. Sie sind gern zum Konfirmandenunterricht gegangen, fanden Freunde und fühlten sich verstanden. Der Druck der Schule war hier nicht vorhanden. Die Kinder kamen aus verschiedenen gesellschaftlichen Milieus und waren von unterschiedlicher Intelligenz, was das Zusammensein positiv beeinflußte. Nach der Konfirmation änderte sich die Einstellung der Kinder zur Kirche schlagartig. Der Kontakt brach abrupt ab. Die Pastoren taten nichts, um die Jugendlichen an die Kirche zu binden und sie für sie interessant zu machen.

Auch die Auffassung der Kirche zum Freitod ist der Situation nicht angemessen. Die Kirche vertritt die Position, daß Gott und nicht der Mensch Herr über Leben und Tod sei. Der Selbstmord gilt als eine Sünde, denn der Mensch maßt sich das an, was nur Gott zusteht. Deshalb verwehrte die Kirche dem Selbstmörder lange Zeit ein kirchliches Begräbnis. Meines Erachtens ist es jedenfalls falsch, den Selbstmord als eine Sünde zu betrachten. Bei einer Depression kann man beispielsweise nicht von einem Freitod reden, da die Kranken ja nicht wirklich freiwillig in den Tod gehen, sondern meist gar nicht anders können, als sich das Leben zu nehmen. Heute darf einem Katholiken, der Suizid begangen hat, nicht mehr das kirchliche Begräbnis verweigert werden. Aber es hat lange genug gedauert, bis sich die Kirche dazu durchgerungen hat.

Außer der Kirche, von der sich viele nicht mehr vertreten fühlen, scheint es keine Institution zu geben, die das Vakuum – was Sinnstiftung angeht – füllen könnte. Umfragen belegen, daß für viele Heranwachsende der Rückzug ins Private den einzigen Halt bietet. Und jene, denen diese Möglichkeit nicht gegeben ist, sind besonders gefährdet. Viele von ihnen neigen zu Depressionen, aus denen Selbstmordgedanken entstehen können. Sprüche wie »Jeder ist seines Glückes Schmied« oder »Erfolg gebührt dem Tüchtigen« helfen ihnen da kaum weiter.

Gefragt ist heute das Engagement der Mitmenschen, und das besonders bei Jugendlichen, die Schwierigkeiten haben. Ihr Selbstwertgefühl aufzubauen, ihnen wieder Mut zum Leben zu vermitteln, ihnen Zukunftsperspektiven zu zeigen, das ist gefragt. Bei Schülern ist es wichtig, daß die Übergänge zwischen den Lebensbereichen Familie, Schule und Freundeskreis fließend sind, auch wenn sie unterschiedliche Anforderungen stellen.
Jedes einzelne Mitglied der Gesellschaft sollte stärker als bisher begreifen, sich für den anderen verantwortlich zu fühlen. Ein Staat besteht aus seinen Bürgern, und seine Ideale können nur verwirklicht werden, wenn diese gelebt werden. Dazu gehört Solidarität vor allem gegenüber den Benachteiligten und Schwachen.
Gerade selbstmordgefährdete Jugendliche kommen mit den Ansprüchen unserer Leistungsgesellschaft nicht zurecht, in der der Schwache oft unterdrückt wird und auf der Strecke bleibt. Denn Erfolg ist aus ihrer Sicht Kampf, und den Kampf gewännen meist nur die Starken. Das Gespräch verkümmere, die Probleme des anderen interessierten nicht, klagen sie. Kommunikation verkomme zur Konversation, bei der es um das Wetter gehe, aber kaum um die wirklichen Probleme, die einen selbst angingen. Um es noch einmal zu wiederholen: Fast jedem Selbstmord geht ein fehlendes oder mißglücktes Gespräch voraus. Diese These ist nicht gewagt. Es gilt in der heutigen Zeit für den Erfolgsmenschen als Gütesiegel, keine Zeit zu haben. Zeit ist etwas für Arbeitslose oder für Rentner – und selbst die geben noch vor, keine Zeit zu haben. Zeit zu haben ist in unserer Gesellschaft etwas Anrüchiges.
Meines Erachtens machen wir es uns mit dem Keine-Zeit-Argument etwas zu einfach. Jeder hat Zeit für das, was er wirklich will. Sollten wir nicht lieber sagen, wir hätten keine Lust zu einem Gespräch? Das wäre ganz bestimmt ehrlicher. In Wirklichkeit versuchen wir mit dieser Ausrede meist nur,

unsere eigenen Angstgefühle zu unterdrücken. Wir wollen nicht wahrhaben, daß wir selbst Probleme haben.
Adenauer sagte einmal: »Nehmen Sie die Menschen wie sie sind, bessere gibt es nicht.« Dazu gehört die Einsicht, daß jeder Mensch seine Eigenarten hat. Dazu gehört die Toleranz, dem anderen seine Eigenarten zu lassen. Deshalb sollten wir nie versuchen, einen anderen Menschen so zu machen, wie wir selber sind.

Zum Abschluß dieses Kapitels die Geschichte von dem jungen Mann, der sich zu einer weisen alten Frau aufmachte, um von ihr den Sinn des Lebens zu erfahren. Die weise Frau gab dem Mann eine große Anzahl von Büchern und sagte ihm, er solle darin nach dem Sinn des Lebens suchen. Einmal am Tag kam sie bei dem Jungen vorbei und fragte: »Hast du nun den Sinn des Lebens gefunden?« Der Mann antwortete immer wieder von neuem: »Nein, bisher suche ich noch.« Daraufhin gab ihm die Frau einen Schlag mit einem Stock, den sie immer bei sich führte.
So vergingen Monate. Eines Tages kam die weise Frau wieder zu dem jungen Mann, stellte die übliche Frage, bekam die übliche Antwort und holte mit ihrem Stock aus. Doch auf einmal faßte der Mann nach dem Stock und wich dem Schlag aus. Da lächelte die alte Frau zum ersten Mal und sagte: »Jetzt kennst du die Antwort auf die Frage, wegen der du gekommen bist.« Der Mann schaute erstaunt und fragte: »Wieso?«
»Du hast gelernt, daß du niemals eine Antwort auf die Frage nach dem Sinn des Lebens bekommen wirst«, antwortete sie. »Und du kannst dich jetzt gegen den Schmerz behaupten.«

»Im Augenblick der Verzweiflung, zählt nicht, was richtig oder falsch ist, sondern was uns hilft, weiterzuleben.«
Romain Gary

3. Die Therapie

Wer versucht hat, sich das Leben zu nehmen, oder sich häufig mit dem Gedanken an Selbstmord trägt, dem ist am besten mit einer psychologischen Beratung, wenn möglich einer länger andauernden Therapie, geholfen. Beratungsstellen für selbstmordgefährdete Menschen gibt es in einigen Großstädten, aber diese Stellen stehen vorwiegend Erwachsenen zur Verfügung. Jugendliche werden nach einem mißglückten Suizidversuch meist in die Kinder- oder Jugendpsychiatrie eingewiesen. Sehr wichtig für die weitere Entwicklung des Jugendlichen ist dann, daß die Tat nicht aus Scham totgeschwiegen wird. Was die Jugendlichen in dieser Situation am meisten benötigen, sind vertrauensvolle Beziehungen zu Erwachsenen, die ihnen Verständnis entgegenbringen. Mitfühlen, aber nicht bedauern, verstehen, aber nicht verurteilen, sollte die Devise lauten.

Es gibt die Familien- oder Gruppentherapie und die Einzeltherapie. Ob sich jemand für eine Gruppen- oder Einzeltherapie entscheidet, hängt vom Leidensdruck ab. Je stärker dieser Druck ist, um so eher ist zu einer Einzeltherapie zu raten. Die Vorteile dieser Therapieform liegen in der individuellen Betreuung, dem damit meist verbundenen Vertrauensverhältnis und der klaren Diagnose. Der Erfolg der Gruppentherapie hängt vor allem von der Persönlichkeit des Gruppenleiters und seinem Engagement.

Bei der Einzeltherapie stellt sich natürlich die Frage nach dem richtigen Therapeuten. Wichtiger als die Therapierichtung ist für den Erfolg, daß Therapeut und Patient eine Vertrauensbasis aufbauen können. Dabei kommt es vor allem auf die Persönlichkeit des Therapeuten an. Ohnehin entwickeln sich die Methoden, die ein Therapeut in seiner Ausbildung erlernt hat, mit zunehmender Berufserfahrung meist zu einem eigenen Stil. Die Patienten sollen das Gefühl haben, daß sie bei diesem Therapeuten gut aufgehoben sind. Dieser muß beim

Erstgespräch, das eigentlich immer kostenlos sein sollte, Auskunft geben über seine Ausbildung und seine Vorstellungen über die Therapie. Oft ist eine Frau bei einer Frau besser aufgehoben, ein Mann findet dagegen häufig mehr Verständnis bei einem Mann.

Der Therapeut sollte einige Dinge beherzigen:
- Sich nicht einmischen – nur beobachten,
- nicht referieren – nur registrieren,
- nicht erklären – nur beschreiben,
- nicht moralisieren – nur feststellen,
- nicht bemitleiden – nur helfen.

Wann ist der Therapeut nicht der richtige? Dazu eine Übersicht aus eigener Erfahrung:
- Wenn er Ratschläge erteilt,
- wenn er den Patienten nicht ernst nimmt,
- wenn er unrealistische Versprechungen abgibt (z. B. Heilung in drei Tagen),
- wenn er ungeduldig oder ablehnend ist,
- wenn er sich selbst unter Druck setzt,
- wenn er ein unangemessenes Honorar verlangt und sich so an den Kranken bereichert,
- wenn er die Therapie unnötig in die Länge zieht,
- wenn er seine eigenen Probleme mit einbezieht, weil er sie nicht aufgearbeitet hat.

Wenn ein selbstmordgefährdeter Jugendlicher oder jemand nach einen Selbstmordversuch in die Therapie kommt, ist es das Wichtigste, daß er sich »auskotzen« kann. Das heißt, er muß seine Aggressionen herauslassen können und auf Verständnis treffen. Vor allem sollten Vorhaltungen, Ermahnungen und Vorwürfe vermieden werden. Eltern-Kind-Konflikte müssen aufgearbeitet werden, ohne daß Haß oder der Hang zur Selbstzerstörung zurückbleibt. Dies ist eine sehr

schwierige Aufgabe, aber ein erfahrener Therapeut wird sie meistern können. Elementar ist, daß der Jugendliche zu diesem Menschen Vertrauen hat, daß er ihn wirklich anerkennt. Nach Möglichkeit sollte der Therapeut mit dem Patienten einen Pakt, einen Nicht-Suizid-Vertrag abschließen. Der Patient muß ihm versprechen, nicht mehr zu versuchen, sich das Leben zu nehmen.
Jugendliche nehmen dieses Versprechen sehr ernst, wenn sie einmal Vertrauen zu ihrem Therapeuten gefaßt haben. Durch die Therapie sollte der Jugendliche wieder Spaß an den alltäglichen Dingen des Lebens finden. Sehr hilfreich ist es oft, ihm Verantwortung für andere Menschen zu übertragen, zum Beispiel älteren Menschen zu helfen, Nachhilfestunden zu geben und vieles mehr. Es werden persönliche Beziehungen aufgebaut und gefördert. Die Jugendlichen fühlen sich gebraucht und vollwertig. Nicht der Lebensmüde sollte fragen: Was habe ich vom Leben zu erwarten, sondern der Lebensbejahende ist es, der die Frage stellen sollte: Was erwartet das Leben von mir? Denn erst wenn das Leben keine Fragen mehr stellt, stellt sich der Gedanke und das Gefühl der Sinnlosigkeit ein. Die Folgen sind Monotonie, Langeweile, Schwermut, Unlust, Unzufriedenheit und Lebensüberdruß.
Zu einer dauerhaften Suizidvorbeugung gehört auch die Reflektion. Der Gefährdete muß über den Sinn seines Leidens nachdenken, und die Tat muß ihm und seinen Mitmenschen verständlich gemacht werden. Nur so wird die belastete Situation entkrampft und die Gefahr, den Selbstmordversuch zu wiederholen, geringer. Das Leben ist Gnade und Aufgabe. Glück läßt sich genauso wenig kaufen wie Liebe. Aber es lohnt sich auch heute noch, ein Apfelbäumchen zu pflanzen.
Nicht nur für suizidgefährdete Menschen kann die Therapie eine große Hilfe sein. Hat ein Familienmitglied Selbstmord verübt, so können Selbsthilfegruppen oder eine Familientherapie für die Angehörigen das beste Mittel sein, mit ihrer

Trauer und ihrem Schmerz fertig zu werden. Je stabiler die Beziehungen innerhalb der Familie vor der Tat waren, desto erfolgreicher können Schuldzuweisungen und Unverständnis in einer Familientherapie (Eltern, Großeltern, Geschwister) nach dem Selbstmord eines Familienanghörigen aufgearbeitet werden. Durch die eigene Reaktion oder durch die Verhaltensweisen anderer Menschen fühlen sich die Trauernden oft in die Isolation gedrängt. Sie empfinden Unsicherheit, Scham, Angst und Schuld und haben gleichzeitig das starke Bedürfnis, aus dieser Isolation herauszutreten.
Hier bieten sich Selbsthilfegruppen an (siehe Anhang), damit die Betroffenen aus ihrer quälenden Einsamkeit herauskommen. In der Gemeinsamkeit erfahren Trauernde Solidarität, Verständnis, Geborgenheit und können auch ihre Ängste, Sorgen und Probleme aussprechen. Sie werden verstanden und bekommen Hilfe. Und sie erkennen, daß es weder hundertprozentige Eltern noch hundertprozentige Kinder gibt. Schuldzuweisungen müssen aufgearbeitet werden. Das Annehmen des Kindes und der Eltern ist dazu der erste Schritt.

Helga Ide schreibt in ihrem Buch ›Mein Kind ist tot‹:
»Ich erinnere mich an die ersten Monate, stundenlang bin ich weinend herumgelaufen, habe mich in mein Bett verkrochen, habe nächtelang wachgelegen und bin morgens nach ganz wenig Schlaf oft schreiend aufgewacht. Alles nur mit zwei Sätzen im Kopf: Kai ist tot, ich bin schuld. Nicht weil ich glaube, er hätte sich meinetwegen das Leben genommen, dazu war ich diesem 18jährigen gar nicht wichtig genug, aber ich hatte diesen Menschen geboren und so erzogen, daß er dem Leben seinen frühen Tod vorzog. Das war meine Schuld. Dafür war ich als Mutter und als wichtigste Beziehungsperson verantwortlich.«
Kai war ihr Sohn, der sich im Alter von 18 Jahren mit Zyankali vergiftete.

Können wir überhaupt von Schuld reden? Ist Schuld meßbar? Eltern und Angehörige, die ein Kind verloren haben, brauchen Solidarität, nicht tröstende Worte – Trost gibt es angesichts des Todes eines Kindes ohnehin nicht. Sie quälen sich mit Schuldgefühlen, nicht genug oder das Verkehrte getan zu haben. Es führt bei Ehepartnern zu gegenseitigen Schuldzuweisungen, die oft eine Ehekrise nach sich zieht.

Besonders wichtig in der Familientherapie ist es, daß die Eltern der Wirklichkeit ins Auge sehen und über den Verlust des Kindes sprechen können. Die Wirklichkeit ist, daß das Kind freiwillig aus dem Leben gegangen ist, daß dieser Schritt sein eigener Entschluß war. Die leidenden Eltern müssen auch verstehen lernen, daß sie selbst die Initiative ergreifen müssen, wenn sie sich nicht von der Außenwelt isolieren wollen. Sie müssen es sein, die wieder auf andere Menschen zugehen, auch wenn das nach einem derartigen Verlust schwierig ist. Sie müssen vor ihren Freunden zugeben, daß sie Hilfe und Trost benötigen. Wahre Freunde werden dies verstehen, und sie werden sich freuen, helfen zu können. Reden und immer wieder reden ist das Wichtigste.

Auch die Geschwister leiden. Hat sich ein Bruder oder eine Schwester das Leben genommen, kreisen die Gedanken der Geschwister ständig um die verlorene Person. Sie plagen sich mit Schuldgefühlen, denn irgendwann einmal haben sie bestimmt den toten Bruder oder die tote Schwester gehaßt oder zumindest tief verletzt. Sich fühlen sich mitschuldig an deren Tod. Die Hauptaufgabe der Familientherapie und der Eltern muß es jetzt sein, die Kinder aufzurichten. Das kann auch ihnen helfen, über ihren eigenen Schmerz hinwegzukommen. Natürlich verlangt dies eine Kraft, die die Eltern nur in seltenen Fällen aufbringen können.

Therapie und Eltern müssen den Kindern deutlich machen, daß eine gewisse Rivalität unter Geschwistern normal ist, und sie sich deswegen keine Vorwürfe zu machen brauchen. Viele Kinder flüchten aus dem Elternhaus, weil sie die Traurigkeit und Leere nach dem Selbstmord eines Bruders oder einer Schwester nicht ertragen können. Zu-Hause-Sein bedeutet für sie Trauer und nicht etwa Geborgenheit. Diese Kinder fühlen sich ungeliebt und verlassen und müssen dazu häufig sogar noch ihre Eltern trösten. Im allgemeinen empfinden Kinder Schmerz anders als Erwachsene. Sie reagieren sich durch Spielen, Sport und Herumtoben ab. Sie trauern periodisch und nicht permanent wie ihre Eltern. Darum sollten die Eltern nicht entsetzt reagieren, wenn ihre Kinder auf einmal lachen und fröhlich sind. Das Wichtigste für die Eltern ist, ihren Kindern trotz Trauer und Schmerz die Gewißheit zu vermitteln, daß sie noch geliebt werden. All dem sollte in einer Familientherapie Rechnung getragen werden.

»Bedenkt,
den eignen Tod,
den stirbt man nur,
doch mit dem Tod der Anderen
muß man leben.«
Mascha Kaleko

Fragebogen für Suizidgefährdete
Geht es wirklich darum, sterben zu wollen oder ist nur die augenblickliche Situation unerträglich geworden? Hier sind einige Fragen an junge Menschen, die Selbstmordgedanken hegen. Bei der Beantwortung ist es sehr wichtig, daß die Jugendlichen sich die Zeit nehmen, sich ganz ruhig auf diese Fragen einzulassen und so ehrlich wie möglich zu antworten.
Wie fühlst du dich?
Fühlst du dich traurig, niedergeschlagen, müde und verzweifelt?
Fühlst du dich lustlos, ausgelaugt und ausgebrannt?
Fühlst du dich gehetzt, getrieben und kannst nicht stillsitzen?

Fühlst du dich nervös, konzentrationsschwach und müde?
Fühlst du dich ungebraucht, mißverstanden und in die Ecke geschoben?
Fühlst du dich wertlos, dumm und zu nichts nutze?
Fühlst du dich überflüssig und hast das Gefühl, es wäre besser, wenn du tot wärst?
Falls du fünf von den sieben Fragen mit ja beantwortest, mußt du einen Arzt oder Therapeuten aufsuchen.
Vielleicht steckst du in einer tiefen Depression.

Zurückdenken und die Vergangenheit zulassen
Wann hattest du zum ersten Mal den Gedanken, keine Lust mehr am Leben zu haben?
Wie alt warst du?
Wo warst du?
In welche Schulklasse gingst du?
Welche Probleme quälten dich damals?
Was war der Auslöser?
Wurde der Gedanke immer stärker, nicht mehr leben zu wollen?
Was empfandest du in dieser Zeit?
Mach dir Gedanken und schreibe alles auf.
Ziel dieser Fragen ist es, alles zu überdenken und sich damit auseinanderzusetzen.
Laß dir dabei Zeit, um jede Frage noch einmal zu überdenken.

Beschäftige Dich jetzt mit Deiner Gegenwart.
Wie fühlst du dich jetzt?
Welche Probleme hast du im Augenblick?
Schreibe deine jetzigen Probleme auf.
Ziel dieser Fragen ist es, sich mit dem Heute auseinanderzusetzen.
Schreibe dein Angst, Zorn, Verzweiflung, deine ganze Not nieder.

Nun schreibe, ob es irgend etwas gibt, was dir Freude machen könnte. Versuche nachzudenken, was dir Spaß gemacht hat. Vielleicht fällt dir nur die Sonne oder ein blühender Kirschbaum ein, ein Hund, eine Katze, ein Fußball. Schreibe alles auf.

Jetzt lege vier weiße Blätter und einen großen schwarzen Filzstift vor dich hin. Auf das erste Blatt schreibst du Dinge, die in deinem Leben keinen Platz mehr haben. Alles was dich quält, bedrückt oder mit dem du nicht mehr fertig wirst, Dinge, die du nicht mehr gebrauchen kannst. Wiederhole noch eimal deinen ganzen Schmerz. Du kannst das Blatt auch quer beschreiben oder in den Ecken anfangen. Es ist ganz egal, aber laß dir Zeit.
Dann nimm dieses Blatt Papier, halte einen Streichholz daran, verbrenne es, wirf die Asche in die Toilette und spüle sie herunter. Oder lasse sie vom Winde verwehen.
Mache jetzt einen Spaziergang oder unternimm eine Arbeit, bei der du dich körperlich verausgaben kannst.

Auf das zweite Blatt schreibst du all deine Wünsche. Auch wenn sie dir noch so unsinnig vorkommen. Alles das, was du ganz tief in deinem Herzen wünschst. Dieses Blatt pinnst du an einen Platz, auf den oft dein Blick fällt. Immer wenn du Wünsche hast, schreib sie dazu. Wenn sich einige erfüllt haben, streich sie aus.
Schreibe auch Nichtigkeiten und Kleinigkeiten auf.

Auf dem nächsten Blatt erstellst du eine Liste, was in deinem Leben wichtig ist. Schule, Freunde, dein Zimmer, Freizeit usw. Laß dir noch mal alle Orte durch den Kopf gehen, an denen du glücklich warst. Lieblingsplätze, Schwimmbad, nimm auch alle Menschen dazu, Eltern, Freunde, Kollegen. Auch deine Aktivitäten, die zu deinem Leben gehören. Deine Haustiere, Stereoanlage, aber auch das Spielzeug vergiß nicht.

Jetzt nimmst du in Gedanken Abschied und denkst daran, wie andere auf deinen Tod reagieren würden. Wenn du Rache nehmen willst, ist Selbstmord nicht das richtige Mittel. Es gibt keinen Menschen, der dieses Opfer wert wäre.

Schreibe auf dem letzten Blatt Abschiedsbriefe an Menschen, die du magst, aber auch an deine Feinde. Schreibe alles, was du sagen willst, was dich bewegt, auch deine Wut und deine Verzweiflung. Die Briefe sind nicht zum Abschicken gedacht, aber sie werden dich erleichtern. Laß deine Wut und Aggression raus, aber auch deine Trauer.
Wenn es zuviel wird, reagiere dich ab, schlage mit den Fäusten auf ein Kissen ein oder nimm einen Tennisschläger oder Holzscheit. Trampele mit den Füßen, schreie und weine, gehe joggen und tobe dich aus.
Achte darauf, was du schreibst: Ich will **so** nicht weiterleben, nicht, ich will nicht weiterleben.
Schreibe immer wieder den Satz: **Ich will so nicht weiterleben.**

Lies alles mehrere Male aufmerksam durch, was du geschrieben hast. Überlege dann, ob Selbstmord wirklich immer noch der einzige realistische Ausweg ist.
Du mußt in erster Linie dein Bewußtsein ändern. Die Realität ist nicht wie im Märchen. Du kannst soviele Frösche küssen oder an die Wand werfen, wie du willst, verwandelt hat sich noch kein einziger. Wirkliche Verwandlungen können nur von dir kommen. Du mußt dich aufmachen und mit Menschen reden – mit deiner Familie, Freunden, Lehrern.
Denke an die Bremer Stadtmusikanten. Sie machten sich auf den Weg und meinten: »Etwas Besseres als den Tod finden wir überall.«
Wenn du Hilfe brauchst, wende dich an einen Arzt oder Therapeuten, dem du vertrauen kannst (siehe Anhang).

4. Hilflosigkeit

Eines ist mir heute ganz klar: Schuld an den Problemen mit meiner Pflegetochter hatte ich. Meine größte Schuld war, daß ich zu feige war. Ich hatte nicht den Mut, ein Machtwort gegenüber meinem Mann und meinen Schwiegereltern zu sprechen und mir ihre ständigen Vorwürfe zu verbitten. Ich versuchte, allen gerecht zu werden, was auf Kosten der Kinder ging. Als Flüchtlingskind litt ich unter starker Angst vor Armut. Ich fand keine Lösung, meine Kinder ohne meinen Mann, den Ernährer, durchzubringen. Ich brauchte ganz einfach die Sicherheit der Ehe. Dafür mußten meine Kinder dann auch meine Gereiztheit und meine schlechte Laune in Kauf nehmen. Es war eben unmöglich, es meinen Kindern, meinem Mann, meinen Schwiegereltern und der Gesellschaft recht zu machen. Fünf Kinder erfordern Kraft und Zeit. Die hätte ich aber nur finden können, wenn ich mich von dem Ballast, der an mir hing, befreit hätte. Heute kann ich eigentlich nur noch um Verständnis bitten.

Manchmal werde ich allerdings ärgerlich, wenn ich denke, was uns Müttern alles aufgebürdet wird. Wir sollen unsere Kinder beschützen, umsorgen, sie erziehen, sie nicht allein lassen, sanft sein, sie lieben, streicheln, zärtlich sein. Eine Mutter soll ihrem Kind zu einem positiven Lebensgefühl verhelfen, soll es glücklich und sorgenfrei aufziehen, ihm Glück vermitteln. Sie soll aus ihm einen positiven, stabilen Menschen machen. Gelingt uns das, gelten wir in der Gesellschaft als gute Mütter, und das ist das größte Lob, das man einer Frau machen kann. Gelingt es nicht, sind wir schlechte Mütter, und dieses steht in unserer Gesellschaft fast auf der gleichen Stufe wie ein Kapitalverbrechen. Wie lange können die Mütter diese Bürde noch ohne Hilfe tragen?

Weinen hat seine Zeit, und Lachen hat seine Zeit. Klagen hat seine Zeit, und Hoffen hat seine Zeit.

Zeit ist etwas sehr Tröstendes und läßt die Wunden langsam verheilen. Kirsten hat einen 15 Jahre älteren Arzt geheiratet, bei dem sie die Geborgenheit und Liebe gefunden hat, die sie zu Hause vermißte. Sie bekam mit 19 Jahren ihr erstes Kind, und ich glaube, sie hat darin all ihre Liebe hineinerzogen, die sie von mir nicht bekommen hat. Sie brachte noch drei weitere Kinder zur Welt, und zu allen Vieren hat sie ein sehr gutes Verhältnis. Ich hoffe, daß sich die Fehler nicht wiederholen, die sie in der Kindheit selbst erfahren hat. Auch glaube ich, daß sie von ihrer leiblichen Mutter und Vater Liebe erfahren hat, die sie an ihre eigenen Kinder weitergeben kann. Ich freue mich immer wieder, wenn ich sie besuche, wie locker sie mit den Kindern umgeht, aber auch, wie erfolgreich sie mit ihnen ist. Die Kinder bringen gute Schulnoten nach Hause, spielen ein Instrument und gehen zum Ballettunterricht. Doch anders als in unserer Mutter-Pflegetochter-Beziehung verschließen sich ihre Kinder nicht den Wünschen, sondern stehen ihnen offen gegenüber. So erreicht sie all das, was ich bei ihr nicht erreicht habe, jetzt bei ihren Kindern.
Mein Verhältnis zu Kirsten ist zwar etwas entspannter geworden, doch noch immer ist es sehr verkrampft. Wie begegnen uns zwar herzlich, doch eine innere Distanz besteht noch immer. Noch immer können wir nicht ganz ungezwungen über die Vergangenheit sprechen. Ich glaube, wir wissen nicht, wo wir anfangen sollen, und jeder hat Angst, den anderen zu verletzen. Es sind wohl auf beiden Seiten so viele Wunden geschlagen worden, die zwar vernarbt, aber noch nicht verheilt sind. In meinem Leben war es ein Abschnitt, in dem ich zwar viele Federn lassen mußte, der mein Leben aber auch bereichert hat. Liv Ullmann sagte einmal: »Ich möchte nicht nur gespielt haben.«

Was hat sich für mich geändert?

Für mich hat sich sehr viel geändert – im positiven Sinne. Ich merke immer wieder, daß mir Heucheleien, Unwahrheiten, Problemflucht, Harmoniesucht (um des lieben Friedens willen), Schuldzuweisungen, Intrigen, Klatsch und Wichtigtuerei zutiefst zuwider sind. Auch benutze ich nicht mehr die Ausrede, keine Zeit zu haben. Ich kümmere mich um Dinge, die mir wichtig sind, sonst versuche ich ehrlich zu sein und deutlich zu sagen, wenn ich zu etwas keine Lust habe. Gespräche, bei denen nur leere Phrasen gedroschen werden, und Konversation vermeide ich.

Ich frage mich immer wieder: Was bringt mir das? Ich komme sehr schnell auf den Punkt. Wenn ich mit Menschen nicht zusammen sein will, sage ich es ihnen ganz klar. Ich muß nicht mehr von jedem geliebt werden und kann auch damit umgehen, wenn Menschen mich ablehnen. Ich muß aber auch nicht mehr jeden lieben, jedem nach dem Mund reden und versuchen, es jedem Recht zu machen. Wenn mir jemand begegnet, den ich mag, sage ich es ihm, ohne Scheu zu haben, daß er es falsch versteht. Freundschaften sind mir kostbar geworden, und wenn es sein muß, kämpfe ich darum. Das Leben ist für mich durchsichtiger und klarer geworden. Allerdings muß ich auch damit rechnen, daß ich einsamer bin, und es noch mehr werde. Zu Parties, Kaffeeklatsch und Gesellschaften werde ich kaum mehr eingeladen, aber ich vermisse es auch nicht.

Nachwort

Nun habe ich das Manuskript beendet, und eine große Hilflosigkeit, Ratlosigkeit und Traurigkeit überfällt mich. Ich habe oft das Weinen meiner Kinder nicht gehört. Vielleicht haben sie auch nur in sich hineingeweint wie viele Kinder.
Wenn ich erfahre, daß wieder ein junger Mensch sich das Leben genommen hat, bin ich immer wieder von neuem tief getroffen. Was muß dieses Kind gelitten haben!
Jede Lebensgeschichte ist verschieden, doch alle haben sie etwas gemeinsam: Wir haben ihr Weinen nicht gehört. Sie hatten keine Hilfe, fanden kein Verständnis und waren in ihrem so kurzen Leben einsam. Diese Jugendlichen haben einen Leidensweg hinter sich, der mit Kränkungen und Angst, Verlust und Trennung, Gewalt, Feindseligkeit und Drohungen, seelischen und körperlichen Schmerzen gepflastert war.
Wir – die Eltern, die Gesellschaft, Schule und Kirche – müssen versuchen, positive Vorbilder zu werden, aber wir müssen auch unsere Schwächen zeigen können. Wenn wir Erwachsenen unsere eigene Hilflosigkeit und Ohnmacht zugeben, werden uns die jungen Menschen verstehen und akzeptieren. Wir alle müssen sensibler mit den Nöten der jungen Menschen umgehen und ihnen zeigen, daß das Leben unsagbar schön sein kann.

»Wenn der Tod die einzige Lösung ist, befinden wir uns nicht auf dem richtigen Weg. Der richtige Weg führt zum Leben, an die Sonne.«
Albert Camus

IV. Anhang

Hier noch eine Liste mit Adressen von Beratungsstellen für suizidgefährdete Menschen und von Selbsthilfegruppen für verwaiste Eltern. (Ich halte allerdings die Bezeichnung verwaiste Eltern für nicht ganz zutreffend. Sie sollte nur dann gebraucht werden, wenn das einzige Kind aus dem Leben geschieden ist.)

Allgemeine Hilfsangebote

Beratungsstellen für Erziehungs- und Lebensfragen der jeweiligen Stadt oder der freien Wohlfahrtsverbände: Caritas, Diakonisches Werk, Deutscher Paritätischer Wohlfahrtsverband, Innere Mission usw.

Jugendpsychiatrischer Dienst, sozialpsychiatrischer Dienst der städtischen Gesundheitsämter

Telefonseelsorge: Tag und Nacht – Vorwahl/11101 oder 11102

Stationäre Hilfen: Alle psychiatrischen Kliniken und alle Krankenhäuser mit psychiatrischen Abteilungen nehmen Suizidgefährdete auf.

Notfallhilfe: Im Fall einer bereits eingetretenen Selbstbeschädigung (z. B. durch Arzneimittelvergiftung, Pulsaderschnitt usw.) sollte der Betroffene zur Rettungsstation des nächstgelegenen Krankenhauses gefahren werden.

Notruf: Tel. 110

Folgende Einrichtungen leisten suizidgefährdeten Menschen Hilfe

52062 Aachen
Minoritenstraße 3
»Hilfe zum Weiterleben«
Tel. 0241/38885

10717 Berlin
Nikolsburger Platz 6
Beratungsstelle NEUhland
Hilfen für suizidgefährdete
Kinder und Jugendliche e. V.
Tel. 030/870111

10781 Berlin
Pallasstraße 8–9
Nächtlicher Krisen- und
Beratungsdienst
Tel. 030/2152222

33611 Bielefeld
Johanneswerkstraße 12
Krisenberatung
Tel. 0521/83042
Krisennotfallhilfe von
18.00–6.00 Uhr
Tel. 0521/512590

44801 Bochum
Buscheyplatz 3
Die Oase
Tel. 0234/700–2332

71032 Böblingen
Bunsenstraße 120
Arbeitskreis Suizidnachsorge
am Kreiskrankenhaus
Böblingen
Tel. 07031/668–0

53179 Bonn
Meckenheimer Straße 85
Arbeitskreis Suizidgefährdeter
Tel. 0228/343563

38102 Braunschweig
Bismarckstraße 5
Krisenhilfe für Selbstmord-
gefährdete und seelisch
Notleidene
Tel. 0531/335050

Detmold
Hilfe zum Weiterleben
Tel. 05231/32984 und 33377

44263 Dortmund
Virchowstraße 10
Krisenzentrum Dortmund-
Hörde
Tel. 0231/435077/78

91054 Erlangen
Kathol. Kirchenplatz 2
Lebensmüdenberatung
Tel. 09131/25046

79104 Freiburg
Kartäuserstraße 17
Psychosoziale Beratung und
Behandlung – Suizidgefährdete
Tel. 0761/33388

20095 Hamburg
Kreuslerstraße 6–8
Beratungs- und Seelsorge-
zentrum
Tel. 040/335844

30449 Hannover
Gartenallee 14
Präventionsprogramm
Tel. 0511/446996

69115 Heidelberg
Voßstraße 4
Suizidenten-Dienst
Tel. 06221/564704

89522 Heidenheim
Christianstraße 5A
Arbeitskreis für Selbstmord-verhütung
Tel. 07321/43894

74072 Heilbronn
Friedensplatz 12
Arbeitskreis Leben
Tel. 07131/164251

31134 Hildesheim
Bahnhofallee 26
Kontaktgruppe Selbstmord-gefährdete
Tel. 05121/58828

85049 Ingolstadt
Schrannenstraße 1
Kontaktgruppe »Brücke e. V.«
Tel. 0841/35895

76133 Karlsruhe
Kronenplatz 1
»Brücke«
Tel. 0721/385038

34119 Kassel
Goethestraße 34
Suizidentenberatung e. V.
Tel. 0561/773930

24105 Kiel
Beselerallee 57
»Kibis«
Tel. 0431/560222

56068 Koblenz
Kurfürstenstraße 73
»Tecum«
Tel. 0261/1390622

56073 Koblenz-Lay
Legiastraße 58a
Tel. 02606/1258

67063 Ludwigshafen
Falkenstraße 19
Beratung und Hilfen in Lebenskrisen
Tel. 0621/514004
»Die Arche«
Tel. 0621/512071

44536 Lünen
Hilfen für Menschen in Lebenskrisen und Selbstmord-gefährdete
»Die Fähre e. V.«
Tel. 02306/40000

80803 München
Viktoriastraße 9
»Die Arche«
Tel. 089/30622–561

48153 Münster
Sebastiankirchweg 10
Verein zur Suizidprophylaxe und Krisenbegleitung e. V.
Tel. 0251/75722

Nürnberg
Hauptbahnhof – City-Dienst
Tel. 0911/209702

78727 Oberndorf/Neckar
Aspenweg 25
Kontaktkreis Leben
Tel. 07423/3604

Quakenbrück
Christliches Krankenhaus
Ambulanz für Suizidgefährdete
Tel. 05431/15241

93047 Regensburg
Landshuter Straße 16
Krisendienst Horizont
Tel. 0941/58181

24768 Rendsburg
Am Holstentor 1a
»Kibis«
Tel. 04331/25299

72764 Reutlingen
Lindachstraße 13
Arbeitskreis Leben Tübingen/
Reutlingen e. V.
Tel. 07071/33733

66126 Saarbrücken
Rosenstraße 18
SPAK-Arbeitskreis für psychosoziale Hilfe
Tel. 0681/36493

38259 Salzgitter-Bad
Burgstraße 38
Kontaktstelle für Selbstmordgefährdete
Tel. 05341/36027

38229 Salzgitter-Gebhardshagen
Sandgrubenweg 42
Gruppe 84

70199 Stuttgart
Eierstraße 9
Arbeitskreis Leben Stuttgart e. V.
Tel. 0711/600620

70178 Stuttgart
Deutsche Gesellschaft für Suizidprävention
Böblinger Straße 24
Tel. 0711/6405944

72072 Tübingen
Lichtensteinstraße 9
Arbeitskreis Leben Tübingen/
Reutlingen e. V.
Tel 07071/33733

Ulm
Suizid-Nachsorge
Tel. 0731/176–2879

59423 Unna
Bahnhofstraße 20
Selbsthilfegruppe für Selbstmordgefährdete

65185 Wiesbaden
Adelheidstraße 28
Institut für Beratung und Therapie von Eltern und jungen Menschen
Tel. 0611/370012

Selbsthilfegruppen Verwaister Eltern
Stand: April 1994, geordnet nach Postleitzahlen

Verwaiste Eltern Dresden/
Sachsen
Ilse Karsch
Kuntschberg 27
01169 Dresden

SEKIS
Selbsthilfe Kontakt- und
Informationsstelle
Tel. 0341/63342
Schirmerstr. 23
04318 Leipzig

AVALON-Selbsthilfegruppe
Hans-Peter Rink
Tel. 0345/788973
Kurt-Wüsteneck-Str. 4
06132 Halle

Renate Lucas
Langendorfer Str. 10
06667 Weißenfeld

Liane Bühring
Tel. 03741/525648
Hölderlinstr. 12
08525 Plauen

Christine Marzin
Schulstr. 8c
09350 Lichtenstein

Christine Mann
Tel. 037347/242
Bahnhofstr. 16
09471 Bärenstein

Verwaiste Eltern/
Trauernde Angehörige
Annette Bornemann
Tel. 030/3482419
Bismarckstr. 44
10627 Berlin

Walter und Erika Baddak
Tel. 030/8012269
Machnower Str. 31
14165 Berlin

Doris Braun
Tel. 03733/23396
Hebbelstr. 21
14469 Potsdam

Monika Schadock
Tel. 03381/701448
Willi-Hamann-Str. 15
14772 Brandenburg

Karin Harms – Bestattungshaus
Tel. 03834/505550
Baustr. 8
17489 Greifswald

KIBIS – Katharina Koop
Tel. 03883/39115
Bahnhofstr. 54
19230 Hagenow

Gisela und Helmut Sanne
Tel. 038735/740
Dorfstr. 17
19395 Barkow

Kontakt- und
Informationsstelle
Verwaiste Eltern in
Deutschland und
Verwaiste Eltern Hamburg
e. V. in der Evangelischen
Akademie Nordelbien,
Tagungsstätte Hamburg
Esplanade 15
20354 Hamburg

Barbara Smith
Tel. 040/6307153 (priv.)
040/6014119 (dienstl.)
Lippmannstr. 22
22769 Hamburg

Karin Thomas
Tel. 04165/8420
Appeler Str. 21
21279 Hollenstedt

Sigrid Beußel
Habichtsweg 13
21337 Lüneburg

Gabriele Knöll
Tel. 04131/63550
Fuhrenweg 3
21391 Reppenstedt/Lüneburg

Karin Harms –
Innungskrankenkasse
Im Schwingedeich 1
21680 Stade

Beratungsstelle für Familien-
und Erziehungsfragen
Dipl. Psych. Th. F. Dudzik
Tel. 0451/793229
Hüxter Damm 18
23552 Lübeck

Bärbel Sieger
Tel. 04521/73886
An der Aue 10
23701 Eutin/Sielbeck

Alice Heins
Tel. 04551/4857 (priv.)
Falkenberger Str. 88
23795 Bad Segeberg

KIBIS – Frau Möller
Tel. 04541/7752
Rathausstr. 8
23909 Ratzeburg

Evangelisches Beratungs-
zentrum
Dänische Str. 15
24103 Kiel

V.I.A. – Verein für integrative
Arbeit
Romeo Assirati
Tel. 0431/84012
Esmarchstr. 60
24105 Kiel

Gudrun Schmidt-Endriß
Tel. 04351/44533
Am Eichberg 8a
24340 Eckernförde

Verwaiste Eltern –
Christopherushaus
Irmgard Fuhlendorf
Tel. 04191/5930
Oppelner Weg 6
24568 Kaltenkirchen

Verwaiste Eltern in
»Frauen helfen Frauen«
Tel. 04331/21514
Kontaktstelle
Grüne Str. 1
24768 Rendsburg

KIBIS – Annemarie Janßen
Tel. 0461/503 2618
Wrangelstr. 18
24937 Flensburg

Angela und Günter Müller
Tel. 04636/1528
Meiereikoppel 1
24977 Ringsberg

Hannelore Ingwersen
Tel. 04639/487
Flensburger Str. 4
24980 Wallsbüll

Ulrike Zerreis
Tel. 04121/1740
Flamweg 18
25335 Elmshorn

Renate Schmidt
Tel. 04852/5600
Kurt-Schumacher-Ring 16
25541 Brunsbüttel

Heike Vollstädt-Höper
Hamburger Str. 30
25782 Tellingstedt

Karin Bahnsen
Tel. 04681/8121
Fehrstieg 58
25938 Wrixum/Föhr

Karin Buttelmann
Tel. 0441/69446
Dürerstr. 18
26129 Oldenburg

Brigitte Schiller
Tel. 0441/43581
Im Schilf 34
26133 Oldenburg

SHG »Verwaiste Eltern«
Tel. 04402/82188 oder
04405/4142 (Rebeka)
Holljestraße 6
26188 Edewecht

Evangelische
Familienbildungsstätte
Doris Steinhauer
Tel. 04421/32016
Kantstr. 9
26384 Wilhelmshaven

Leo und Petra Lückmann
Tel. 04941/63663
Schirumer Weg 16a
26605 Aurich

Pastor Jürgen Spradau
Tel. 04488/2678
Pastorenpadd 5
26655 Westerstede

Christina Vinke
Tel. 04961/5297
Rosenstr. 3
26871 Papenburg

Johannes Dirksen,
Dipl. Sozialarbeiter
Tel. 04744/5045
Am Brink 1
27612 Loxstedt-Stotel

Bremer Gesundheitsladen e. V.
Clemens Müller
Tel. 0421/4988634
Braunschweiger Str. 53
28205 Bremen

Toni Hübener
Tel. 0421/342553
Hartwigstr. 19
28209 Bremen

Verwaiste Eltern Celle
Thomas Schneider
Tel. 05141/51957
Stauffenbergstr. 6
29223 Celle

Helga Ide
Tel. 05820/282
Batensen 11, Berghof
29562 Suhlendorf

Karin Vollroth
Tel. 05191/3938
Feldstr. 28
29614 Soltau

Verwaiste Eltern Hannover
Ute und Christoph Student
Tel. 0511/664726
In der Steinriede 3
30161 Hannover

SHG Hannover
Ansprechpartner:
Christiane Pfisterer
Tel. 0511/8387038
Neckarstraße 11
30519 Hannover

Hannelore Braun
Tel. 05131/6256
Scheelenkamp 3
30827 Garbsen

Selbsthilfegruppe für
»Verwaiste Eltern«
Jutta Schütz
Tel. 05139/8140
Im Siek 7
30938 Burgwedel

Beratungsstelle des Vereins für
Suizidprävention e. V.
Annette Joos-Körtje
Tel. 05121/516286
Bahnhofsallee 26
31134 Hildesheim

Susanne Koehler
Tel. 05763/2571
Sulinger Gärten 9
31600 Uchte

Karin Legler
Tel. 05725/6287
Hauptstr. 15
31699 Beckedorf

Annette Schediwy
Tel. 05043/5526
Coppenbrügger Landstr. 33
31867 Lauenau

Gesprächsgruppe
»Verwaiste Eltern«
Diakonisches Werk
Tel. 0571/888040
Ulrich Treude,
Dipl. Sozialarbeiter
Fischerallee 3a
32423 Minden

Gerd u. Sieglinde Hägermann
Lübbecker Str. 131
32423 Minden

Ev. Familienbildungsstätte
Frau H. Becker
Tel. 05231/26035
Gutenbergstr. 20
32756 Detmold

»Hilfe zum Weiterleben«
Ilse Hildebrandt
Tel. 05231/34450
Brunnenstr. 20
32756 Detmold

Evelin Pietsch
Tel. 05234/2760
Triftenberg 8
32805 Horn-Bad Meinberg

Verwaiste Eltern Paderborn
Anne Ahlmeyer
Tel. 05251/91232
Weikenweg 11
33106 Paderborn

Ursula Murken
Tel. 05241/56410
Kattenstrother Weg 70
33332 Gütersloh

Elisabeth Hansmersmann
Tel. 05245/1363
Tecklenburger Weg 11
33442 Herzebrock-Clarholz

Verwaiste Eltern Steinhagen
Renate Gerriets
Tel. 05204/7910
Postfach 1262
33803 Steinhagen

Ulrike von Loesch
Tel. 0561/770909
Friedrich-Ebert-Str. 85
34119 Kassel

»Verwaiste Eltern« SHG Kassel
Lothar Weddig
Tel. 0561/812389 + 71781
Fuldastr. 26
34233 Fuldatal

Trauernde Eltern Marburg
Evelyn Wege
Tel. 06424/2031
Winner Weg 5a
35085 Ebsdorfergrund

Verwaiste Eltern
krebskranker Kinder
Schwester Elsbeth Seim –
Station Peiber
Tel. 0641/7024345 +
06633/5854 (priv.)
Feulgenstr. 12
35392 Gießen

Ingrid Moritzen
Tel. 0641/41909
Friedensstr. 14
35394 Gießen

Anne Krüger
Tel. 0641/664340
Holzweg 10
35398 Gießen

Marion Raub
Tel. 06621/87375
Am Mühlgraben 2a
36217 Ronshausen

Heinz und Brunhilde
Bettenhausen
Tel. 066 21 / 779 79
Im Grund 4
36286 Neuenstein

Brigitte Baumann
Tel. 05 51 / 561 49
Am Pfingstanger 54
37075 Göttingen

Psychosoziale Mitarbeiter
der Kinderklinik
der Universität Göttingen,
Station 4031
Tel. 05 51 / 39 25 74 (vorm.)
Robert-Koch-Str. 40
37075 Göttingen

Frau Schneider-Feller
Tel. 05 51 / 463 75
Dahlmannstraße 23
37085 Göttingen

Verwaiste Eltern Kassel
Irmgard Wagner
Tel. 056 51 / 59 18
Zittel 6
37276 Meinhard-Frieda

Heidelore Jobs
Tel. 05 31 / 87 19 32
Harzblick 45
38122 Braunschweig

Viola und Hans-Jürgen Honsa
Tel. 053 41 / 523 50
Gödebusch 52
38228 Salzgitter

Kristin Siegert
Tel. 053 31 / 751 73
Neuer Weg 52
38302 Wolfenbüttel

Monika Cichon
Tel. 053 31 / 461 37
Johannisstr. 8 a
38304 Wolfenbüttel

Evang. Ehe-, Familien- und
Lebensberatung –
Frau Laudan
Friedrich-Ebert-Str. 7
38440 Wolfsburg

Uwe und Bärbel Ziemens
Tel. 053 66 / 74 78
Nachtweide 6
38477 Jembke bei Wolfsburg

Grietje Credé
Tel. 053 71 / 612 11
Rosenweg 10
38524 Sassenburg

Christopherus-Haus e. V.
Tel. 053 21 / 848 99
Birkenhof
38644 Goslar

Ruth und Joachim Broutschek
Tel. 03 91 / 64 74 37
Im Grünen 5
39120 Magdeburg

Bärbel Rothe
Carlbauerstr. 32
39590 Tangermünde

Brigitte Busch
Tel. 03 93 86 / 23 60
Kirchplatz 2
39615 Seehausen / Altmark

Andreas Schulz, Dipl-Psych.
Ackerstr. 99
40233 Düsseldorf

Wolfgang Grygo
Tel. 02 11 / 4 09 36 65
Alte Landstr. 161
40489 Düsseldorf

Marita Manske
Tel. 02 11 / 58 93 56
Drususstr. 25
40549 Düsseldorf

Ruth Schmidt-Heinisch
Tel. 0 21 04 / 7 15 16 und 7 57 24
Helenenweg 15
40822 Mettmann

Sigrid Winterboer
Tel. 0 21 02 / 30 34 81
Thunesweg 58 b
40885 Ratingen

Gesprächsgruppe für Eltern
nach dem Tod eines Kindes
Tel. 0 21 66 / 3 94 22 92
Regina Saxler, Elisabeth-
Krankenhaus
Kinderklinik
Hubertusstr. 100
41239 Mönchengladbach

Schwester Bernadette
Tel. 0 21 01 / 66 61 41
Giemesstr. 4 a
41564 Kaarst

DIGNITAS – Deutsche
Interessengemeinschaft für
Verkehrsunfallopfer e. V.
Angelika Oidtmann
Tel. 0 21 62 / 2 00 32
Friedlandstr. 6
41747 Viersen

Doris Stricker
Tel. 0 21 62 / 2 08 31
Eichenstr. 25
41747 Viersen

Ingeborg Busch
Tel. 0 21 96 / 68 88
Joseph-Haydn-Str. 21
42929 Wermelskirchen

Pfarrer Karl-Georg Mix
Tel. 02 31 / 41 33 64
Herm.-Löns-Str. 16
44141 Dortmund
Treffpunkt Heiland-Gemeinde
Westfalendamm 190, montags
19.00 Uhr

Annegret Schrader
Tel. 0 23 23 / 2 47 48
Hoverskamp 25 c
44629 Herne

Ingeborg und Otto Reinsch
Tel. 02 34 / 68 00 52
Hans-Böckler-Str. 31
44787 Bochum

Ulrike Labonté
Tel. 0 20 54 / 8 32 86
Wupperstr. 71
45219 Essen

Christel Schwan
Tel. 0201/579223
Am Krählinge 10
45289 Essen

Gabi Hüls
Tel. 02871/17738
Mosse 35
46395 Bocholt

Margret Hörning
Tel. 02853/3856
Bösenberg 87
46514 Schermbeck

Gundel Laakmann-Steltner
Tel. 02064/58958
Tilsiter Str. 5
46535 Dinslaken

Gesprächskreis mit
»Verwaisten Eltern«
Haus der Familie Münster e. V.
Dorothea Große-Frintrop
Tel. 0251/418660
Krummer Timpen 42/43
48143 Münster

Franz Hitze Haus
Katholische Soziale Akademie
Münster
Tel. 0251/80031
Kardinal-von-Galen-Ring 50
48149 Münster

Dorlis von dem Berge-
Stövesand
Tel. 0251/717896
Hohe Geist 60
48163 Münster

Ingrid Rademacher
Tel. 05924/6676
Am Frett 9
48455 Bad Bentheim

Kolping Bildungsstätte
Heimvolkshochschule
Gregor Maas
Tel. 02541/80031
Gerlever Weg 1
48653 Coesfeld

Verwaiste Eltern Jakobuskirche
Pfarramt Pastor Keding
Tel. 0541/77566
Ölweg 21
49084 Osnabrück

Gesprächskreis »Ohne unser
Kind weiterleben«
Anneliese Delfmann
Tel. 05406/9733
Ellerkamp 16
49161 Belm

Gesprächskreis für
verwaiste Mütter
Beratungsstelle für Eltern,
Kinder und Jugendliche
Frau B. Wissemborski-
Schröder
Tel. 05481/7009
Im Hook 8
49525 Lengerich

Rita und Norbert Ecke
Tel. 04471/85541
Oldenburger Str. 20
49661 Cloppenburg

Lieselotte Grundies
Tel. 02234/63088
Spechtweg 4
50226 Frechen

Gertrude Dittrich
Tel. 0221/316438
Rolandstr. 14
50677 Köln

Verwaiste Eltern Kontakte
Axel Volmer
Tel. 02171/1451
Familienseminar Awo
Berliner Platz 3
51379 Leverkusen

SHG Verwaiste Eltern in der VHS
Angelika Zaunmüller
Tel. 0241/49009
Peterstr. 21–25
52058 Aachen

Dr. Dietrich Wittenhagen, Kinderarzt
Tel. 0241/33104
Alexianergraben 9
52064 Aachen

»Eltern trauern«
Helga Brands-Schlusche
Tel. 0241/911272
Soerser Au 8
52070 Aachen

Anton Straeten, Krankenhauspfarrer
Tel. 02421/15982
Poliusstr. 3
52349 Düren

Trauernde Eltern
Tel. 02452/2990
(Gruppenraum)
Geilertkirchener Str. 52
52525 Heinsberg

Michael-Franke-Stiftung
Silke Grégorie
Tel. 0228/224271
Prinz-Albert-Str. 11
53113 Bonn

Michaela und Martin Quintus
Tel. 02226/14801
Weberstr. 15
53359 Rheinbach

Isabel Mühleisen
Tel. 02242/6698
Bahnweg 3a
53773 Hennef

Heidi Münke
Tel. 02241/409298
Gewürzgarten 12
53844 Troisdorf

Beate Schnichels
Tel. 02251/52416
(ab 18.30 Uhr)
Peter-Simons-Str. 18
53879 Euskirchen

Magdalena und Matthias Bohnen
Tel. 02251/65615
Hubertusstr. 7A
53881 Euskirchen

Klinikseelsorger des Kirchl.
Krankenhausdienstes an den
Unikliniken Mainz
Tel. 06131/177219–20
Langenbeckstr. 1
55131 Mainz

Marianne Aßmann
Tel. 06761/4880
Michael-Felke-Straße 10
55469 Simmern

Regionalbildungswerk
Frau Kollenda
Tel. 0261/35663
Florinspfaffengasse 14
56068 Koblenz

WE–KISS – Regina
Karrenbauer
Tel. 02663/2540
Neue Str. 34
56457 Westerburg

Lothar Baumgärtel
Tel. 02631/49028
Dahlbachweg 5
56566 Neuwied

Lonely Parents –
Verwaiste Eltern
Bärbel Kehrer-Kremer
Tel. 02691/8175
Tannenweg 3
56729 Herresbach

Ehe-, Familien- und Lebens-
beratungsstelle
Heike Fester
Tel. 0271/21038
Burgstr. 21
57072 Siegen

Marianne Grond
Tel. 02331/85441
Veilchenstraße 1
58095 Hagen

Sabine Makowka-Schirmer
Tel. 02330/3522
Koenenstr. 8
58313 Herdecke

Verwaiste Eltern im
Haus der Familie
Haynauer Str. 5
58332 Schwelm

Jutta Gerbe
Tel. 02374/70801
Ernststr. 6
58644 Iserlohn

Ursula Struffert
Tel. 02382/6728
Siemensweg 33
59229 Ahlen

Inge Dambruch
Tel. 069/551297
Justinianstr. 2a
60322 Frankfurt

Renate Schnur-Hermann
Tel. 069/497838
Mainkurstr. 31
60385 Frankfurt

Monika Klöß
Tel. 06109/23508
Leopold-Ehrmann-Str. 4
60388 Frankfurt

Christa Ponseck-Dieter
Tel. 069/7681461
Ludwig-Landmann-Str. 190
60488 Frankfurt

Arbeitsgruppe Verwaiste Eltern Frankfurt/M. – Katholische Klinikseelsorge im Uniklinikum
Helga Weidemann, Dipl.-Heilpäd. Andreas Reckels
Tel. 069/63015620
Ludwig-Rehn-Str. 7
60596 Frankfurt

Selbsthilfegruppe Trauernde Eltern
Dr. Sylvia Börgens, Dipl. Psychologin
Tel. 06036/3058
Waldstr. 57
61200 Wölfersheim

SHG Trauernde Eltern – Hedi Dau
Tel. 06104/65828
Odenwaldstr. 2
63150 Heusenstamm

Verwaiste Eltern Hanau
Familienberatungsstelle **ask**
Dipl. Psychologin Monika Wiedemann
Tel. 06181/270620
Am Pedro-Jung-Park 13
63450 Hanau

Verwaiste Eltern Darmstadt, Caritas
Treffpunkt der Gruppe
Tel. 06151/76093
Schwarzer Weg 14 a
64287 Darmstadt

Pia Sanders
Tel. 06122/2295
Feldschützstr. 3
65205 Wiesbaden

Marianne Jertz
Tel. 06147/8723
Berliner Str. 40
65468 Trebur

SGH »Trauernde Eltern«
Ehepaar Preußer
Tel. 06438/1777
Burgstr. 17
65597 Hünfelden-Kirberg

Frau Katalin Capacés
Tel. 06897/765276
Saarbrücker Str. 204
66125 Saarbrücken

Verwaiste Eltern Saar-Pfalz
Martina Engel
Tel. 06841/89989
Niederbexbacher Str. 1
66459 Kirkel

Frau Doris Dolibois
Tel. 06831/59442
Brunnenstr. 7
66773 Schwalbach/Saar

Pfarrer Ralf Lehr
Tel. 06387/270
Protestantisches Pfarramt
66887 St. Julian

BG Unfallklinik – Gerhard Wind
Tel. 0621/68100
L.-Guttmann-Str. 13
67071 Ludwigshafen

Evangelische Lukasgemeinde
Römerstr. 94
68623 Lampertheim

Heide Häberle, Familien-
therapeutin
Tel. 06221/563088
Ernst-Moro-Haus
Im Neuenheimer Feld 155
69120 Heidelberg

Verwaiste Eltern
Rhein-Neckar-Kreis
Helga Franz-Flößer
Tel. 06201/55413
Breitgasse 6
69493 Hirschberg

Gesprächskreis »Eltern in
Trauer«
Evangelisches Bildungswerk
»Hospitalhof«
Tel. 0711/2068150
Gymnasiumstr. 36
70174 Stuttgart

Solveig Krug
Tel. 07154/21763
Mühlhäuser Str. 37
70806 Kornwestheim

Verwaiste Eltern im Haus
der Familie
Ernst-Wilhelm Gohl
Tel. 07031/221801
Hölderlinstr. 8
71032 Böblingen

Petra Schautt, Diakonissin
Tel. 07032/34150
Zaunäckerstraße 16
71083 Herrenberg

Petra Vollpracht
Tel. 07146/6882
Untere Weinbergstr. 33
71686 Remseck

Johannes Rauh
Tel. 07071/295771
Universitäts-Kinderklinik
Rümelinstr. 23
72070 Tübingen

»Trauernde Eltern«
Ute Koll-Szonell
Tel. 07473/3577
Goethestr. 33
72116 Mössingen

Staatliches Gesundheitsamt,
Frau Römer
Tel. 07441/562021 bzw.
56-1 (Zentrale)
Reichsstr. 11/II
72250 Freudenstadt

Gabi Maute
Tel. 07022/66046
Austr. 51
72669 Unterensingen

Joachim Werner
Tel. 07361/69276
Rohrwangstr. 14
73430 Aalen

Matthias und Elisabeth Strasser
Tel. 07951/5768
Hauptstr. 51
74589 Satteldorf

Ambulanter Hospiz-Dienst
Tel. 0721/167-219
Stephanienstr. 98
76133 Karlsruhe

Renate Scheffel
Tel. 0721/593214
Hermann-Köhl-Str. 14
76187 Karlsruhe

Evang. Erwachsenenbildung
Baden-Baden
Irmgard Ruin
Tel. 07221/38443
Maria-Viktoria-Str. 25
76530 Baden-Baden

Antonia Schön
Tel. 06341/53539
Am Geisberg 18
76829 Landau

VHS-Gesprächskreis Verwaiste
Eltern
Claudia Rötzer
Tel. 07731/61761
Mühlenstr. 10
78247 Hilzingen

Evangelisches Krankenhaus-
pfarramt II
Pfarrer Wilfried Steiger
Tel. 07531/62879
Zumsteinstr. 11
78464 Konstanz

Elisabeth Schaps
Tel. 0761/131288
Habichtweg 38
79110 Freiburg

Verwaiste Eltern bei
»Eltern werden – Eltern sein«
Sabine Wetteborn
Tel. 07681/24415
Pater-Maximilian-Kolbe Weg 1
79183 Waldkirch

Marion Haupt
Tel. 07665/41977
Bachstr. 12
79232 March

Birgit Streich
Tel. 07621/75492
Hauptstr. 400
79576 Weil am Rhein

Christa Friedrich
Tel. 07624/2625
Heideggerstr. 6
79639 Grenzach-Wyhlen

Bernadette Spitz
Tel. 07657/481
Harzerhäuser 16
79871 Eisenbach

Verwaiste Eltern München e. V.
Christl Ziegler, Pädagogin/
Therapeutin
Tel. 089/502 01 84
Schrenkstr. 3
80339 München

Gabriele Besig
Tel. 08031/37993
Chiemseestr. 48
83022 Rosenheim

Verwaiste Eltern Landshut
Werner Kühnert
Tel. 0871/24739
Grünlandstr. 4d
84028 Landshut

Alfons und Theresia Manger
Tel. 08732/726
Angerstr. 2
84163 Marklkofen

Verwaiste Eltern Neuötting
Ingrid Weißl,
Pastoralreferentin
Tel. 08671/71934
Bemberger Weg 18
84524 Neuötting

Evangelisches Bildungswerk
Herr Krieghoff
Tel. 0841/9337-19
Schrannenstr. 7
85049 Ingolstadt

Beate Kelly
Tel. 08092/22244
Aiblinger Anger 8
85560 Ebersberg

E. Rosenfeld, Dipl. Psychologe
Kinderklinik Stenglinstraße
Stenglinstraße
86156 Augsburg

Verwaiste Eltern Augsburg
Hildegard Mayr-Nerl
Tel. 0821/994487
Wellenburger Str. 16
86199 Augsburg

Christl Ziegler
Tel. 08251/53388
Fritz-Mayer-Str. 15
86551 Aichach

Gisela Fischer
Tel. 08431/1453
Am Spielplatz 12
86697 Oberhausen b.
Neuburg/Donau

SHG »Verwaiste Eltern«
Diakonisches Werk Donau-Ries
Herr R. Vogel, Sozialpädagoge
Tel. 09081/4660
Bürgermeister-Reiger-Str. 38
86720 Nördlingen

Verwaiste Eltern Allgäu
Walter Hebesruß
Tel. 08321/2517
Kolpingstr. 14
87459 Pfronten

Verwaiste Eltern Oberallgäu
Gertrud u. W. Weberruß
Tel. 08321/2517
Mühlenweg 10a
87527 Sonthofen

Gertraude Mayr
Tel. 08341/65280
Fichtenweg 12b
87600 Kaufbeuren

Dr. Maria Decius-Wenke
Tel. 08331/72290
Greifswalder Weg 9
87700 Memmingen

Verwaiste Eltern
Psychologische Beratungsstelle
Tel. 07522/20121 und
07561/4231
Karlstr. 14
88239 Wangen

Sylvia Frey-Herkle
Tel. 07566/2661
Kirchstr. 32
88260 Eisenharz

Maria Schwendele-Kliebhan
Tel. 07581/5430
Pfarrstr. 7
88348 Saulgau

»Eltern, die ein Kind verloren haben«
Haus der Begegnung
Tel. 0731/1511-53
Grüner Hof 7
89073 Ulm

Verwaiste Eltern Dillingen/Donau
Christian Stronk,
Dipl.-Sozialpädagoge
Caritasverband Kreisstelle Dillingen
Tel. 09071/2548
Regens-Wegner-Str. 2
89407 Dillingen

Verwaiste Eltern Aalen
Brigitte Richardon
Tel. 07328/4384
Reußensteinstr. 1
89551 Königsbronn

»Eltern in Not«
Stadtmission
Tel. 0911/354193
Pirckheimer Str. 16
90408 Nürnberg

»Tränenkrüglein«
Rotraut von Stromer-Baumbauer
Tel. 0931/36092
Donaustr. 16
91052 Erlangen

Caritasverband Landkreis
Neustadt a. d. Aisch
Bad Windsheim e. V. –
Ruth Dilger
Tel. 09161/1881
Ansbacher Str. 6
91413 Neustadt a. d. Aisch

Armin Nentwig
Tel. 09621/63666
Bayreuther Str. 33
92224 Amberg

Ingrid Kummer
Tel. 0941/21196
Agnesstr. 27
93049 Regensburg

Gruppe »Elternwaisen«
Tel. 09445/591
Gertraud Bielmeier,
Gemeindereferentin
Pfarrstr. 6
93333 Neustadt/Donau

Begegnungsstätte für Frauen
Barbara Bronauer
Tel. 0851/31975
Ludwigsplatz 4
94032 Passau

Verwaiste Eltern Hof/
Diakonisches Werk
Pfarrer B. Wanner
Tel. 09281/837-144
Klostertor 2
95028 Hof

AGUS Angehörigengruppe
um Suizid
Emy Meixner-Wülker
Tel. 0921/66110
Wichernstr. 1
95447 Bayreuth

Verwaiste Eltern Bayreuth
Heidemarie und Klaus
Linhardt
Tel. 0921/988453
Bayernring 6
95448 Bayreuth

Elisabeth Nüßlein
Arbeitsgemeinschaft Familie
Tel. 0951/502626
Jacobsplatz 9/IV
96049 Bamberg

Maria u. Bernhard Burkard-
Butzeck
Tel. 0951/22895
Gönnerstr. 5
96050 Bamberg

KISS Coburg
Sabine Doerenkamp
Tel. 09561/89-1569
Löwenstr. 30
96450 Coburg

Brigitte Carbone
Tel. 09331/4729
An der Schloßmauer 26a
97199 Erlach Ochsenfurt

Gudrun Zink
Tel. 09335/539
Riedgartenweg 66
97258 Gülchsheim

Ruth Wagenhäuser
Tel. 09527/579
Haigstr. 34
97478 Knetzgau bei Haßfurt

Wolfgang Haser
Tel. 09341/12598
Flürlein 11
97941 Tauberbischofsheim